मसख़रे कभी नहीं रोते

मसखरे कभी नहीं रोते

स्वदेश दीपक

वाणी प्रकाशन

प्रकाशन के उत्कृष्टतम 61 वर्ष

पेपरबैक पहला संस्करण : 2024

vaniprakashan.com

वाणी प्रकाशन

4695, 21-ए, दरियागंज, नयी दिल्ली-110 002

फ़ोन : +91 11 23273167, 23275710

शाखाएँ

अशोक राजपथ, पटना-800 004, बिहार

कॉफ़ी हाउस कैम्पस, महात्मा गांधी मार्ग, प्रयागराज-211 001, उत्तर प्रदेश

महात्मा गांधी अन्तरराष्ट्रीय हिन्दी विश्वविद्यालय, वर्धा-442 001, महाराष्ट्र

36/ए, शेक्सपियर सरणी, रानी बिरला गर्ल्स कॉलेज के पास, कोलकाता-700 017, प. बंगाल

sales@vaniprakashan.in
vaniprakashan@gmail.com

Maskhare Kabhi Nahin Rote
by Swadesh Deepak

ISBN : 978-93-5775-791-1
Collection of Stories

मूल्य : ₹ 199

जी.एस. ऑफ़सेट, दिल्ली-110 095 में मुद्रित

वाणी प्रकाशन का लोगो मक़बूल फ़िदा हुसेन की कूची से

Between grief and nothing I will take grief.

–William Faulkner

अनुक्रम

मसख़रे कभी नहीं रोते

नवम्बर महीने में अक्सर बारिश नहीं होती लेकिन आज शाम हो गयी और नाटक की रिहर्सल खुली छत पर। चुभने वाली ठण्डी हवा ने बारिश–बूँदों का हाथ पकड़ा। दुगुनी हो गयी ताक़त पर इठलाना शुरू किया और सन–सन के ढोल–बाजे के साथ सब पर झपट पड़ी। खुली छत। तीन तरफ़ दीवारें और चौथी तरफ़ उतरने–चढ़ने के लिए सीढ़ी। हवा सामने की दीवार से टकराती। बाहर निकलने का रास्ता न मिलने पर किसी अन्धे बैल की तरह पगलाती और पीछे उछल फिर आगे हल्ला मारती। चाहती तो नीचे जा सकती थी। लेकिन हवा को सीढ़ियाँ उतरना नहीं आता। तीन दीवारों के बीच अन्धड़ गति से दौड़ती रही। हाँफती हवा की आवाज़ खुली छत पर शासन जमा चुकी है।

अभिनेता दौड़कर कमरे में आ गये और निर्देशक छज्जे पर खड़े का खड़ा; बरसात–बूँदों को प्लाईवुड के बने मंच–सज्जा के सामान पर लगातार गिरते देखता। उसकी कल्पना कुछ दिन आगे पहुँच गयी; प्लाईवुड का सामान बारिश से फूल जायेगा, चार दिनों बाद नाटक है, मंच–सज्जा का सामान बस की छत पर रख दूसरे शहर जाना है, नाट्य–उत्सव में हिस्सा लेने। और सारे के सारे अभिनेता गीली, फूली प्लाईवुड पर चढ़ेंगे–उतरेंगे। तीन अंकों वाला नाटक पूरा का पूरा प्लाईवुड के मंच पर होना है। अगर टूट...। इस डरावनी कल्पना ने उसे निर्णय लेने पर मजबूर कर दिया कि मंच कमरे में ले जाना चाहिए।

वह कमरे के दरवाज़े पर खड़ा हुआ। अपनी गीली दाढ़ी खुजाई और उसे छोटी–सी हैरानी हुई कि अन्दर खड़े–बैठे अभिनेताओं के चेहरे धुँधले क्यों दिख रहे हैं। क्या चश्मे का नम्बर...। उसे अपनी इस मूर्खता पर और गुस्सा आया कि जो बारिश दाढ़ी पर पड़ी है, उसी ने चश्मे के शीशों

को भी गीला कर धुँधला दिया है; और उसने इस बात को सोचा तक नहीं। चश्मा उतारा, जेबों में रूमाल तलाशने के लिए हाथ डाला, मिला नहीं क्योंकि आज वह रूमाल लाना भूल गया था। उसकी पत्नी भी इस नाटक में अभिनय कर रही। जानती है निर्देशन, दृश्य–संयोजन, संगीत और रूप–सज्जा में माहिर उसका निर्देशक पति चश्मे और रूमाल को लेकर हमेशा असहाय हो जाता है। शॉल के सूखे कोने से उसके चश्मे के शीशे पोंछे और उसकी आँखों पर लगा दिया। उसे सब अभिनेताओं के चेहरे अब बिल्कुल साफ़ दिखने शुरू हो गये। ठण्ड–बारिश–हवा की मार से सिकुड़े हुए चेहरे। उसका निर्णय थोड़ा–सा डगमगाया। इतना बड़ा सैट कमरे में रखने का मतलब साफ़। कुछ अभिनेताओं को बाहर खड़ा होना पड़ेगा। खुली–गीली–सर्द छत पर। बाड़े में बन्द अन्धे बैल की तरह रास्ता खोजने की कोशिश में पगला चुकी हवा ने कमरे के खुले दरवाज़े को देख लिया। उसने साँय–साँय की हाँक लगा बाहर बिखरी हवा को यह ख़बर दी और धड़धड़ाती हुई कमरे में घुस गयी। सबसे पहले दीवार पर टँगे नागार्जुन के चित्र पर उसने हमला किया। तस्वीर में जकड़े बाबा की दाढ़ी हिली, चौखटा हिला, दीवार से टकराया। एक अभिनेता ने हाथ ऊँचा कर उतारा और नीचे रख दिया। बाबा की दाढ़ी हिलनी बन्द हो गयी। किसी ने दरवाज़ा बन्द करने के लिए कहा ताकि निर्दयी हवा से बचा जा सके।

एक साथ खड़े कुछ अभिनेताओं को निर्देशक ने एकटक देखा, दाढ़ी खुजलाई और मंच खुली छत से उठा कमरे में लाने का आदेश दिया।

टोका उसकी पत्नी ने कि अगर लोग बाहर खुले में खड़े रहेंगे तो बीमार नहीं पड़ जायेंगे क्या?

हाँ। पड़ सकते हैं बीमार। दवाई खाकर ठीक हो जायेंगे। लेकिन अगर पाँच हज़ार रुपये की लागत से बना प्लाईवुड का सैट ख़राब हो गया तो! कहाँ से बनेगा दोबारा। कर लेना फिर नाटक।

पत्नी कई नाटकों में अभिनय कर चुकी है, दूसरे निर्देशकों के साथ भी। लेकिन इस मण्डली के नाटक जब भी होते हैं वह पत्नी होने का अधिकार घर से रिहर्सल–छत अथवा कमरे में साथ ले आती है। निर्देशक और पत्नी के दोहरे तनाव को सब अभिनेता लगातार महसूस करते हैं। कोई

साधारण–सी सलाह देने, जैसे कि चाय पी लें, से भी डरते हैं। जानते हैं दढ़ियल सर उन्हें डाँटेंगे, घी का गुस्सा दाल पर उतारेंगे। पति–पत्नी के तनाव से वे अटपटा जाते हैं और हमेशा चलने अथवा संवाद बोलने में कोई भूल कर बैठते हैं। और चार दिनों बाद नाटक का प्रथम मंचन होना है।

अभिनेताओं के साथ सैट उठाने के लिए पत्नी भी बाहर गयी। ऐसा उसने जान–बूझकर किया। तकलीफ़ उठाकर शहीद बनने का पत्नी का सबसे अचूक हथियार। पति को दण्डित करने के लिए।

बाक़ी अभिनेताओं की तरह उसने भी सैट उठाये हुए आधा झुक कर छोटे कमरे में प्रवेश किया। मंच नीचे रखने के बाद भी वह थोड़ी देर झुकी खड़ी रही। निर्देशक उसे एकटक देखे जा रहा है। वह सीधा होने लगी तो उसने वैसे ही झुककर खड़ा रहने को कहा। पत्नी हैरान हुई, फिर खीझी और पहले से अधिक झुककर खड़ी हो गयी। उसने अपनी गीली हथेली से अपना गीला गाल पोंछा। दाढ़ी वाले ने उसे कहा–"सुनो। तुम छोटी बहन का रोल करोगी। मेन रोल मैं दूसरी लड़की से करवाऊँगा। उससे ठीक नहीं हो रहा बहन का पार्ट।"

बिजली का झटका सिर्फ़ उसे ही नहीं लगा, सबको लगा। वह झटके से सीधी खड़ी हुई। निर्देशक पति के दाढ़ी–ढके मुँह को एकदम देखा, शायद मज़ाक़ कर रहा हो। लेकिन लम्बी दाढ़ी का उसे हमेशा फ़ायदा होता है। चेहरे पर आये हाव–भाव दिखते ही नहीं, पता कैसे चले।

उसका चेहरा एकदम सूरज में बदल गया, तपता हुआ तथा बोलता हुआ सूरज–छोटी बहन का रोल। तीन घण्टे के नाटक में सिर्फ़ तीन शब्द–कपित, गुब्बारा और रोटी। वह तीस साल की आयु वाली औरत बारह साल की छोटी बहन का पार्ट करेगी और सारे नाटक में बोलेगी केवल तीन शब्द। नहीं करना उसे इस नाटक में काम। निर्देशक होने का यह मतलब नहीं कि तुम हिटलर हो। जो चाहे करो और मानते रहें हम चुपचाप। करेगी तो नायिका वाला रोल नहीं तो इसी वक़्त इस मण्डली से उसका त्यागपत्र। इतना बोलने के बाद उसके चेहरे पर तपता हुआ सूरज उतर गया। दो लम्बे क़दम उठा लेखक के पास वाली कुर्सी पर बैठ गयी। दूसरों की तरफ़ देखा–क्यों नहीं बोलते इस अन्याय के ख़िलाफ़।

लेखक और निर्देशक पूरी तरह एक–दूसरे के स्वभाव और कार्य–शैली को समझते हैं, तीसरा नाटक साथ–साथ कर रहे हैं। लेखक को चाहे

इस अन्तिम सत्य का पता है कि निर्देशक रंगमंच का छोटा–सा भगवान होता है लेकिन उसे भी लगा कि चार दिन पहले रोल बदलने से उसका नाटक मर सकता है। यह जानते हुए भी कि आलेख निर्देशक के हाथ में पकड़ाते ही लेखक को मर जाना चाहिए। उसने अपना नाटक पिट जाने की कल्पना की। निर्देशक–पत्नी की आड़ ले सलाह दी कि इतनी सीनियर एक्ट्रेस को इतना छोटा रोल देना तो ग़लत बात है न। फिर एक तीस साल की स्वस्थ औरत को बारह साल की लड़की के रोल में दर्शक कैसे स्वीकारेंगे।

बारिश जैसे अचानक शुरू हुई थी वैसे ही अचानक बन्द हो गयी। लड़के–लड़कियों के सिकुड़े हुए चेहरे सामान्य हो गये लेकिन वे अवाक् के अवाक् खड़े हैं। एक रोल बदलने का मतलब सब के रोल संचलन का कुछ–न–कुछ बदलना। संकेत–शब्द भी आगे–पीछे होंगे। और ग़लत क्यू मिला नहीं कि सत्यानाश। सबने निर्देशक के दाढ़ी–ढके चेहरे को देखा। बिल्कुल भावहीन। हाँ उसकी आँखों में अपने फ़ैसले पर अडिग रहने की एक पगलाई हुई चौंध है।

खुली छत के साथ दूसरे मकान की खुली छत है, दोनों छतों को बाँटती छोटे क़द की दीवार। दीवार की दूसरी तरफ़ से गाँ–गाँ की आवाज़ें आनी शुरू हो गयीं। मोटी गूँगी लड़की अपने दो अधपागल भाइयों के साथ रिहर्सल शुरू करने के लिए गूँगी आवाज़ें निकाल रही है। सर्दी हो चाहे गर्मी, गूँगी लड़की हमेशा अपने दो पागल भाइयों के साथ घण्टों दीवार के साथ खड़ी रिहर्सल देखती है। बाप किसी दफ़्तर में चपरासी, माँ लोगों के घरों में माई। दफ़्तर से लौटने के बाद बाप चाय पीकर फिर निकल जाता है। शायद किसी दुकान पर काम करने। माँ अपने घर गिन कर रोटियाँ बनाती है और दूसरे घरों में पकवान बनाने निकल पड़ती है। जहाँ सीढ़ियाँ ख़त्म होती हैं वहाँ दरवाज़े को बाहर से ताला लगा जाते हैं। कहीं गूँगी लड़की दो पागल भाइयों के साथ बाहर निकल गयी तो। जिन दिनों साथ की खुली छत पर रिहर्सल होती है, माँ–बाप लगभग निश्चिन्त। जानते हैं कि रिहर्सल देर रात तक चलेगी और तीनों दीवार के साथ लगे घण्टों खड़े देखते रहेंगे। फिर आवाज़ आयी–गाँ। गाँ। गाँ। दोनों पागल भाइयों ने अपनी हुंकार के साथ जोड़ी–आओ। आओ।

नायक रोल कर रहे अभिनेता ने सबको बताया कि दर्शक आ गये। बाहर चला जाये। हो जाये शुरू नाटक।

प्लाईवुड का मंच फिर बाहर निकाला गया। लकवे के मरीज़ लड़के का रोल जिसने किया है, लगातार इस मंच पर बैठेगा। उसने जेब से रूमाल निकाला, गीला हो गया मंच पोंछा, दोनों आँखें बन्द कीं, दोनों कान पकड़े और प्लाईवुड के मंच पर बैठ गया। क्योंकि यह दृश्य अर्धप्रकाश में मंचित होगा, बाहर की लाइट बुझा दी गयी। चाँद बादल–कम्बल से बाहर निकला, मंच पर बैठे लड़के का मुँह चाँदनी ने धोया, साथ की दीवार के साथ लगे खड़े तीनों ने तालियाँ बजायीं।

दोनों पागल भाई चिल्लाये–आ गये। आ गये। गूँगी बहन ने अपने होंठों पर उँगली रख उन्हें चुप होने का संकेत दिया। वे चुप हो गये।

चाँद कम्बल से निकलने के बाद थोड़ा इतराकर खुली छत पर खड़े लोगों को देख रहा है। बड़ा बच्चा छोटे बच्चों के सामने इतराता–देखो मैं तुमसे ऊँचा हूँ। लेकिन चाँद न तो सूरज की तरह तेज़ आँखों वाला है न छापामार युद्ध में माहिर। दायें–बायें देखता जो नहीं। अपने ही सौन्दर्य पर मन्त्रमुग्ध। रीछ की तरह बेडौल बढ़ते बादल–टुकड़े ने चाँद का पैर पकड़ा, पीछे खींचा और अपने काले बालों वाले काले बाजुओं में लपेट लिया। मंच पर बैठे लड़के का चेहरा अब अँधेरे में लगभग पीला दिख रहा है।

उसने दाढ़ी पर ऊपर से नीचे हाथ फेरा, हथेली कमीज़ की बाँह से पोंछी और दरवाज़े पर खड़ी पत्नी, अब छोटी बहन को बताया कि दृश्य उसे पता है। ग़रीबी के मारे माँ–बाप ने लकवा मरीज़ बेटे को रोटी देनी बन्द कर दी है। मरे। मुक्त हो। मुक्त करे। लगातार भूखा रहने के कारण छोटे भाई के दिमाग़ ने भी टाँगों की तरह चलना बन्द कर दिया है। उसे याद ही नहीं रहता कि क्या माँगे। इसलिए रोटी की जगह गुब्बारा माँगता है और गुब्बारे के बदले रोटी। उसे एक काल्पनिक गुब्बारे की एक काल्पनिक डोर अपनी उँगली से लपेट हवा में उड़ते गुब्बारे के साथ बीमार भाई की तरफ़ बढ़ना है।

उसे दृश्य का पता है पहले लड़के की माँ का रोल जो कर रही थी। आँखों में समझ आ जाने वाले भाव के स्थान पर घायल गुस्सा है–नायिका से छोटी बहन। मात्र कुछ शब्द बोलने का रोल। जानती है इस दाढ़ी वाले निर्देशक–पति से बहस का कोई मतलब नहीं। उसे बाहर निकाल देगा, नाटक बन्द कर सकता है लेकिन जो सोच लिया उससे समझौता नहीं करेंगे। अब वह गुस्साई हुई नहीं, उदास है। उसकी कल्पना में

नाट्य–उत्सव की सर्वश्रेष्ठ अभिनेत्री का पुरस्कार किसी और को प्राप्त हो चुका है। वह मरी हुई चाल से मंच पर बैठे भाई की तरफ़ बढ़ी।

निर्देशक ने उसकी बाँह पकड़ी, दरवाज़े तक वापस ले आया। उसे लम्बी बात कहने–करने की आदत नहीं। जो लोग स्वयं कम बोलते हैं वे दूसरों के दिल की बात आसानी से समझ लेते हैं। जानता है पुरस्कार न मिलने की कल्पना से उसका अन्दर मुरझा गया है और मुरझाये मन वाला व्यक्ति गले से बोलता है, दिल से नहीं।

उसने चश्मा उतारा, लगाया और बताया कि इतने नाटकों में काम करने के बाद भी जानती नहीं कि अभिनय का अर्थ शब्द और लाइनें बोलना नहीं होता। जब हम मूक होते हैं तो असल में बहुत बोल रहे होते हैं। तब शब्दों का स्थान लेते हैं हावभाव, हमारा चलना, उठना–बैठना। शरीर की अपनी एक भाषा होती है जिसे शब्दों का हाथ पकड़ चलने की ज़रूरत नहीं।

उसके मन ने यह सच स्वीकारा लेकिन अहम् आड़े आ रहा है। बड़ी–बड़ी आँखों में हाँ अथवा ना का कोई भाव नहीं। अहम् आँखों में हमेशा एक झूठा तेज भर देता है। निर्देशक ने कहा कि सीधे नहीं चलना। फुदककर, उछलते हुए भाई की तरफ़ बढ़ो, आँखें हवा में हिलते गुब्बारे पर। लड़की अब भी भावहीन। उसने पूछा कि बचपन में स्टापू खेली है कि नहीं। हाँ में सिर हिला। तो ठीक। एक पैर का छलाँग लो, नीचे रखो। फिर दूसरे पैर का छलाँग लो और मंच पर बैठे भाई के पास जाओ।

वह फुदककर आगे बढ़ी और उसका कायाकल्प हो गया। तीस साल की आयु एकदम से घटकर बारह साल में सिमट आयी। निजी क्रोध आयु के बदलने के साथ उड़नछू हो गया अथवा हो सकता है वह अपने स्टापू खेलने वाले उजले दिनों में सचमुच वापिस लौट गयी हो। अब न वह स्वस्थ औरत है न आँखों में झूठा तेज। एक खिलन्दड़ी लड़की में बदल जाने के बाद वह अपने निर्मम वर्तमान से कट सुखद बचपन अतीत में लौट चुकी है। अतीत चाहे कठिन–कठोर हो लेकिन हमारी स्मृति में उसके सुखद हिस्से ही शेष रहते हैं। यह अलग बात है कि जब अतीत यात्रा से लौट आयें तो वर्तमान पहले से अधिक निर्दय हो जाता है। उसने अपने गुण भूलने शुरू किये, पात्र के आत्म से एकात्म हो निर्गुण हो गयी और उसके साँवले चेहरे पर साँवला–सा इन्द्रधनुष प्रकट हो आया।

मंच पर चढ़ उसने भाई को काल्पनिक गुब्बारा पकड़ाया और उसने पकड़ लिया–बच्चा दूसरे बच्चे को खिलौना एकदम नहीं पकड़ाता, थोड़ी देर तंग करेगा, छेड़ेगा। निर्देशक ने सूखी दाढ़ी को आदतन हथेली से पोंछा, यह सोच कि शायद अब तक गीली है। उसे बड़ी से छोटी हो गयी को अब समझने–समझाने की ज़रूरत ही नहीं रही क्योंकि वह तो पात्र से एकरूप हो चुकी है। उसने भाई के हाथों की पहुँच से परे हवा में गुब्बारा हिलाया, छोटे भाई ने बैठे–बैठे कुछ इंच ऊपर उछालें लीं, गुब्बारा पकड़ में नहीं आया और उसने रोना शुरू कर दिया। वह गुब्बारा भूल गया। खिलौने को भूल–सा गया और रोटी–रोटी रटने लग पड़ा। बहन के चेहरे से इन्द्रधनुष ग़ायब हो गया। उसने उँगली से लिपटा धागा खोला। गुब्बारा हवा में उड़ा और वह मंच से नीचे उतर कमरे की तरफ़ बढ़ी। फुदककर अब भी चल रही है लेकिन स्टापू खेलने के उत्साह अथवा ख़ुशी का नामोनिशान नहीं। अब उसके चेहरे पर पशु–पीड़ा है, एक टाँग पर चलने से उपजी पीड़ा। वह दरवाज़े के पास रुकी, पति की तरफ़ देखा और उसकी आँखों से आँसू निकलने शुरू हो गये। किसी ने भी ताली नहीं बजायी। एकात्म होने के इस क्षण ने सारे अभिनेताओं की आत्मा में नाटक के पात्र जीवित कर दिये। क्या वह भी छोटी की तरह अपनी काया को भूल सकेंगे।

जब कोई ठीक अभिनय कर ले तो निर्देशक कुछ नहीं बोलता। वह उस अभिनेता की जगह दूसरे अभिनेता का जीवन जीना शुरू कर देता है। बिन दाढ़ी खुजाये वह मंच पर बैठे लकवा मारे छोटे भाई के सामने खड़ा हो गया, उसे लगातार देख रहा है। क्या तुम हमेशा टाइम पर रोटी खाते हो, जब उसने पूछा तो लड़के ने हाँ में सिर हिलाया। तभी वह इस अन्तर को समझ ही नहीं रहा कि रोटी माँगने और कई दिन से भूखे रहने के बाद, यह पता होने के बाद कि माँगने पर भी रोटी नहीं मिलेगी–इन दोनों बातों में कितना डरावना अन्तर है। अभिनेता के कानों ने शब्द सुने लेकिन चेहरे पर इनका अर्थ बिल्कुल उदित नहीं हुआ। निर्देशक मुड़ा। लेखक के पास खड़ा हुआ चश्मा उतारा, बिन बोले कहा कि–'आप समझायें भाईसाहब'। लेखक ने सारे अभिनेताओं को समझाया कि हमारे देश में निर्धन लोगों का जीवन मात्र एक प्रतीक में बदल गया है–रोटी। ग़रीब जीवन का पर्याय और प्रतीक न गरिमा है, न सुख, न सन्तोष, बस है तो

एक लगातार भूख जिसमें से जन्म लेती है एक डरावनी सच्चाई। और सारे का सारा जीवन एक कुरूप प्रतीक में बदल जाता है–रोटी। लेखक चुप हो गया और निर्देशक को पता भी चल गया कि अभिनेता उसके शब्द तो समझ गये लेकिन अर्थ नहीं क्योंकि लेखक प्रतीक तो खोज लेता है पर मंच पर उन प्रतीकों को जीवन तो निर्देशक ही दे सकता है। उसने चश्मा लगाया और फिर मंच पर बैठे लड़के के पास गया। जानता है कि प्रत्येक अभिनेता की अपनी समझ सीमा होती है। किसी भी सत्य–तथ्य को अपनी सम्पूर्णता में समझ लेना उसके वश से बाहर है। वैसे भी लोग जीवन को टुकड़ों में जीते–समझते हैं। लकवा–मरीज़ लड़के से पूछा कि क्या उसे पता है माँ–बाप रोटी क्यों नहीं देते। इसलिए नहीं कि अपने लँगड़े लड़के से उन्हें नफ़रत है। इसलिए कि उसे भूख से मारकर अपने बाक़ी बच्चों को ज़िन्दा रख सकेंगे। निर्धनता हमें केवल क्रूर नहीं, कमीना भी बना देती है। एक लगातार ग़रीब आदमी का जीवन और सोच हमेशा कमीनी हो जाती है। उसे उन सारी झूठी कहानियों को भूल जाना चाहिए कि ग़रीब माँ मीठे–मीठे गाने गा अपने बच्चों का पेट भर उन्हें मीठी नींद सुलाती है।

भालू–बादल शायद चाँद से खेल–खेल में उकता गया। काली बाँहें खोलीं, चाँद सरककर बाहर निकला और बिल्कुल खुली छत के ऊपर रुक गया। शायद चाँद हैरान हो चलना भूल गया हो कि इतने सारे लोग इतनी सर्दी में खुले में क्यों खड़े–बैठे हैं। मंच पर बैठे लड़के के चेहरे पर रोशनी तो पड़ रही है लेकिन आँखों में समझ की चमक नहीं। माँ से जुड़े ममता के बिम्ब उसकी जातीय समझ सोच के स्थायी हिस्से हैं और यह बिम्ब अब तक टस–से–मस नहीं हुआ चाहे इतने दिनों से नाटक की रिहर्सल हो रही है। निर्देशक ने अपनी तर्जनी से दाढ़ी खुजाई और उस लड़के की नासमझी पर कहीं भी गुस्सा नहीं आया।

जब लेखक ने पहली बार उसके साथ नाटक पढ़ा था तो उसके अपने मन ने भी इस काले सत्य को मानने से इनकार कर दिया था। कई बार जो सच है वह इतना कुरूप होता है कि अपने अन्दर–बाहर की पूरी शक्ति लगा हम उसे बार–बार परे धकेल देते हैं। भरे–पेट लोगों के लिए निर्धनता और भूख केवल रोमानी ख़बरें होती हैं अथवा स्वभाव का हिस्सा बन गये अश्लील नारे–'ग़रीबी हटाओ'। अभिनेताओं ने तो पहले

दिन से ही इस नाटक के विरुद्ध अपने मन में एक दीवार खड़ी कर ली थी क्योंकि अपनी छोटी–सी समझ और अनुभव पर उन्हें पूरा विश्वास था कि निर्धनता बड़ी आनन्दमयी होती है। हमेशा एक लम्बे क़द और भरी आवाज़ वाला मसीहा आता है जो तीन–चार तराशे हुए संवाद बोल कुटिया को आलीशान कोठी में बदल देता है।

सबसे बड़ी दिक्कत तो तब आयी जब लेखक ने वह स्वप्न–दृश्य पढ़ा जिसमें भूखा लड़का क्रिकेट मैच का सपना देखते हुए मर जाता है। यह तो अति हो गयी। बिल्कुल मेलोड्रामा–अतिनाटकीयता। लेखक नाराज़ नहीं हुआ था। बिल्कुल हैरान हो गया था। उसने बताया–समझाया कि पहले हमारे देश में सदियों से चली आ रही केवल एक महामारी थी–भूख। पिछले कुछ दशकों में दूसरी महामारी लग गयी है–क्रिकेट। जब लाखों लोग मैदान में, टीवी–रेडियो के सामने, हाथों में ट्रांजिस्टर पकड़ क्रिकेट खेल के उत्तेजित नशे में अपना सब कुछ भूल जाते हैं–भूख, अभाव और प्रतिदिन का अपमानित जीवन–तो यह बेचारा लड़का जिसे लकवा है, जिसे खाने को रोटी नहीं दी जाती, क्रिकेट के सपने क्यों नहीं देख सकता। अगर सारा देश कुछ दिनों के लिए नशे की लत का आदी हो सकता है तो यह लड़का सपने में कपिल देव को क्यों नहीं देख सकता। लेखक ने बिल्कुल ज़हरीली आवाज़ में जोड़ा कि सरकार को स्थायी रहने का सबसे आसान तरीक़ा समझ नहीं आया आज तक। पूरा साल, प्रतिदिन, कहीं–न–कहीं क्रिकेट मैच करवाये, दूरदर्शन पर दिखाये। जुलूस बन्द, प्रतिवाद बन्द, साम्प्रदायिक दंगे बन्द, विरोधी पार्टियों की गतिविधियाँ बन्द। राष्ट्रीय मूर्खता राष्ट्र को मज़बूत बना देगी। सोने की चिड़िया वाली नशीली मूर्खता का स्थान क्रिकेट–व्यसन ने हथिया लिया है।

जब घर में उन दोनों ने साथ बैठ नाटक पढ़ा था तो बिना दाढ़ी खुजाये उसने निर्णय ले लिया था कि क्रिकेट दृश्य को रिहर्सल में तो करेगा ताकि लेखक को यह मूर्ख–ख़ुशी मिल जाये कि उसका लिखा सही है। लेकिन प्रथम मंचन में यह दृश्य काट देगा। जब उसने अपनी आत्मा के मंच पर इस दृश्य को मंचित किया तो उसे अचानक इस सत्य का पता चल गया कि क्रूरता से ही करुणा का जन्म होता है और इस दृश्य को वह करायेगा अपने क्षेत्र के उन दो मसख़रों से जो आजकल दूरदर्शन और फ़िल्मों के सबसे लोकप्रिय मसख़रे हैं। वे मान भी गये क्योंकि पहली बार

निर्देशक ने ही उन्हें दूरदर्शन सीरियल में काम दिलवाया था लेकिन उन्होंने साफ़–साफ़ बता दिया कि रिहर्सल के लिए सिर्फ़ दो दिन आ सकेंगे।

काले आकाश में एक चमकदार लकीर खिंच गयी। कोई तारा टूटा है। कुछ लोगों ने आँखें बन्द कर जाने क्या–क्या माँगा। एक मूर्ख विश्वास है कि तारा टूटने पर हम जो भी माँगें पूरा हो जाता है। जब तक वह कुछ माँगे आकाश से चमकदार लकीर ग़ायब हो गयी।

इतनी देर की चुप्पी से गूँगी लड़की और उसके दोनों पागल भाई उकता गये, दुखी हो गये। गूँगी बोली–गाँ–गाँ–गाँ। दोनों पागल भाइयों ने मंच पर बैठे लड़के को उसका संवाद याद कराया–रोटी–रोटी।

उसने लड़के का कन्धा छुआ। लड़का जानता है भारी रिहर्सल उसके कारण रुक गयी है। सामूहिक असफलता के अपमान ने उसे उदास कर दिया। उसने अपने लम्बे बालों में उँगलियाँ डालीं, ज़ोर से खींचा और वह बुझ गया। निर्देशक ने समझाया कि कपिल देव के आउट होते ही उसका सपना टूट जायेगा जैसे कि सारे देश का सपना टूट जाता है। सच के संसार में लौटते ही उसे भयंकर भूख फिर दबोच लेगी। भरे पेट आदमी के लिए चाँद का बिम्ब प्रेमिका के चेहरे में बदल जाता है और भूखे आदमी के लिए गोल–गोल रोटी में। उसे तीन बार रोटी शब्द बोलना है तब वह मर जायेगा। कुछ बिम्ब ऐसे होते हैं जिन्हें मृत्यु ही पूर्ण कर सकती है। लड़का एक और मुसीबत में फँस गया क्योंकि उसे समझ ही नहीं आया कि चाँद एक ही समय प्रेमिका का चेहरा और गोल रोटी क्योंकर हो जाता है। यह जानता है दूसरे लड़के–लड़कियों की अधीरता अब गुस्से में बदल चुकी है, और उसने झूठ–मूठ सिर हिलाया, समझ आ जाने वाली मुद्रा में।

निर्देशक इस समय लकवे लड़के की मनःस्थिति जी रहा है, उसके लिए समझना बिल्कुल कठिन नहीं कि सिर एक झूठी 'हाँ' में हिला था। वैसे भी यह सत्य तो वह जानता है कि प्रायः अभिनेता नाटक के अपने हिस्से से सरोकार रखते हैं इसलिए उनकी सीमित समझ को सीधी और छोटी बात ही समझ में आयेगी। सत्य का सरलीकरण करने का लोगों का स्वभाव होता है। उसने जब लड़के से पूछा कि दोपहर को रोटी कितने बजे खाता है तो जवाब मिला कि दो बजे के आसपास। तो ठीक। अब उसे तीन या चार बजे रोटी खानी चाहिए, तब भूख का अर्थ शरीर को समझ

आ जायेगा। लड़के को इस कल्पना से ही घबराहट हो गयी कि रोटी देर से खायेगा क्योंकि दोपहर को उसे हमेशा ज़ोरों की भूख लगती है।

दीवार से लगे खड़े दर्शक इतनी लम्बी चुप्पी से उकता गये। एक पागल भाई चिल्लाया–'करो। करो।' दूसरे ने भी गुस्से में कहा–'करो, करो।' गूँगी बहन ने होंठों पर उँगली रख चुप रहने का इशारा किया लेकिन जब गुस्सा आ जाये तो दोनों भाई उसका कहा नहीं मानते। उन्होंने दीवार पर हाथ पटकने शुरू कर दिये। ठण्डी दीवार पर ज़ोर से हाथ मारने से दर्द ज़रूर हुआ होगा लेकिन जो पागल हैं वे शायद शरीर की सुख–दुख की सीमा के बाहर जीते हैं। निर्देशक–पत्नी उनके पास गयी, दीवार के अपनी तरफ़ खड़ी हुई और मुस्कुराकर देखा। वह पागलों और गूँगों की भाषा समझती भी है और समझा भी लेती है। दोनों भाई उसके बोलने की प्रतीक्षा में चुप हो गये। उसने शब्द लम्बा करके बोला–'भूख–थकावट। थोड़ी देर।' दोनों को शायद समझ आ गया और वह ख़ुश हो गये। ताली पीट साथ–साथ बोले–'भूख। थकावट।' इस बार गूँगी बहन ने उन्हें चुप रहने का संकेत नहीं किया। बोल नहीं सकती तो क्या, समझ तो लेती है कि नाटक की रिहर्सल तब–तब रुक जाती है जब–जब दाढ़ीवाला किसी एक के पास खड़ा होकर कुछ बोलता है और कई बार वह खीझ जाती है कि यह लोग दाढ़ीवाले की बात क्यों नहीं समझते। उसे भी समझ आ गयी कि मंच पर बैठा लड़का मात्र रोटी शब्द बोल रहा है, इसके जुड़वाँ भूख शब्द का उसे पता ही नहीं। वह अपने गूँगे होने पर एकदम उदास हो गयी। बोल सकती तो यहीं से खड़े–खड़े उस लड़के को बताती कि भूख लगी हो तो रोटी शब्द का अर्थ कितना डरावना हो जाता है। उसे इस बात का पता इसलिए है कि पागल भाइयों के साथ वह कई बार भूखी रह चुकी है। भाई उसके हिस्से की रोटी भी खा जाते हैं क्योंकि जो पागल हों उन्हें पता ही नहीं चलता कि कब पेट भर गया।

वह वापस आयी और पति के पास खड़े हो अनबोला प्रश्न पूछा कि उन दोनों को आने में देर क्यों हो गयी जिन्हें दृश्य में अभिनय करना है। नाटक–मण्डली के लोग पहले से ही जानते हैं कि फ़िल्मों और दूरदर्शन के सुन्दर, मुन्दर इस दृश्य में अभिनय करेंगे। क्योंकि दाढ़ीवाले सर ने उन्हें पहली बार दूरदर्शन सीरियल में काम दिलवाया था इसलिए वे नाटक के एक दृश्य में काम करने को मान गये। वे दूसरे पेशेवर अभिनेताओं

की तरह समय का रुपये और लाभ में अनुवाद करते हैं इसलिए रिहर्सल केवल दो बार।

सँकरी, दो घुमावों वाली सीढ़ी पर क़दमों की आवाज़ें आयीं। क्या इतने लोगों की प्रतीक्षा ने इस क्षण उन्हें वहाँ पहुँचा दिया अथवा उनकी गाड़ी लेट हो गयी। दोनों एक साथ खुली छत पर आये और ऐसे लगा जैसे दो फुटबॉल सीधे खड़े हो आदमी में बदल गयी हों। दोनों के सिर, बाल बिल्कुल छोटे कटे हुए और दोनों के पेट में एक–एक फुटबॉल उगी हुई। सबने उन्हें खड़े हो नमस्कार किया और जवाब में दोनों के हाथ साथ–साथ जुड़े। उनके शरीर की प्रत्येक क्रिया इतनी लयबद्ध है जैसे दोनों मशीनी मानव हों और बिजली के एक ही बटन से चलते–रुकते हों। इससे पहले कि निर्देशक उनका परिचय कराये, दीवार के दूसरी तरफ़ खड़ी गूँगी लड़की उन्हें देख ज़ोर से हँसी। पागल भाइयों ने बहन की तरफ़ हैरान हो देखा, उसने दोनों की तरफ़ इशारा किया और बोली–गाँ, गाँ, गाँ।

सुन्दर, मुन्दर एक साथ उसकी तरफ़ बढ़े, दीवार के पास रुके और साथ–साथ उसकी शब्दहीन भाषा में बोले–गाँ, गाँ, गाँ। लड़की पहले हैरान हुई फिर ख़ुश। उसकी भाषा में बोलने वाले और लोग भी हैं। पागल भाइयों ने पहले ताली बजायी फिर दीवार पर हथेलियाँ पटककर कहा–'आ गये, आ गये।' सुन्दर, मुन्दर ने जवाबी ताली बजायी, शब्दों को पागल किया और जवाब दिया–'आ गये। आ गये।' दोनों भाई अपने आश्चर्यलोक में लौटे, फिर चुप हो गये। विक्षिप्त मस्तिष्क हमेशा हैरान। पागल संसार उत्तेजित संसार नहीं होता, लगातार कष्टदायक संसार होता है; और गर्भपात से जन्मी विकलांग इन्द्रियाँ हमेशा कष्ट और क्रिया से मुक्त होती हैं अपने अर्थहीन और असीम संसार में। हम सयानों की कष्टकारी दुनिया की तुलना में सदा सुखी उनकी अपनी पागल दुनिया। गूँगी बहन ने होंठों पर उँगली रखी। इन दोनों की तरफ़ इशारा किया। गूँगी भाषा में भाइयों को शायद समझाया कि देखो अब चुप हो जाओ। ये आ गये हैं, नाटक शुरू हो जायेगा। सुन्दर, मुन्दर ने भी अपने होंठों पर उँगली रख साथ–साथ 'शी' की ध्वनि निकाली, साथ–साथ अपने सीनों पर हाथ रखा, पागल भाइयों ने भी 'शी' की और बिल्कुल चुप हो गये। वह अब भी अचरज से इन पैर लगी दो फुटबॉलों को देख रहे हैं जो मंच के पास लौट आये।

निर्देशक ने उनका सबसे परिचय कराया। दोनों ने कलाकारों को बताया कि दाढ़ीवाले से ग़लती हो गयी, जिसे सुन्दर कहकर परिचित कराया वह मुन्दर है और जिसे मुन्दर बताया वह सुन्दर है। उसने दाढ़ी खुजाई और सोचा कि मसख़रे मज़ाक़ कर रहे हैं या सचमुच उससे ग़लती हो गयी। वह मंच पर बैठे लकवा–मरीज़ के दायें–बायें बैठ गये और उन्हें पता चल गया कि तनाव–केन्द्र यह लड़का है। नाटक वह पढ़ चुके हैं–कहानी का पता है। लेकिन यह भी तो पता है कि शब्दों को काया देने के लिए कैसे कायाहीन बनना होता है। तब जन्म होगा प्रत्येक शब्द के अपने स्वतन्त्र शरीर का; और यह है साझी क्रिया। जब कोई एक अभिनेता शब्द को काया नहीं दे पाता तो बाक़ी अभिनेताओं के बोले शब्द भी काया धारण करने से इनकार कर देते हैं।

पता नहीं सुन्दर ने अथवा हो सकता है मुन्दर ने दाढ़ीवाले से पूछा कि नाटक पढ़ने के बाद भी उन्हें यह बात समझ में नहीं आयी कि इस अन्तिम दृश्य में लड़का क्योंकर मरेगा। कपिल देव के आउट होने पर अथवा इतने दिनों की भूख के कारण। लकवा–लड़के की आँखों में एक ख़ुश–चमक आ गयी। यही बात उसे इतने दिनों की रिहर्सल में समझ नहीं आ रही और यही बात सुन्दर अथवा मुन्दर ने कैसे समझ ली। क्या सचमुच जो मसख़रे हैं हमेशा सबके मन की बात जान लेते हैं–हमारे सुख, हमारे दुख का जीवन धारण करने वाले मसख़रे।

निर्देशक ने पहले सोचा कि इनको दृश्य का अर्थ समझाये फिर अपना निर्णय बदल दिया। शब्दों से परे, शब्दकोश के पन्नों में क़ैद अर्थ से ऊपर भी शब्दों का एक जीवन होता है जिसे मंच पर अभिनेता के हाव–भाव और चलने से एक पूर्ण और जीवित अर्थ मिलता है और कई बार लेखक के अर्थ से व्यापक होता है अभिनेता का दिया अर्थ। इसलिए उसने सुन्दर–मुन्दर को यह अन्तिम दृश्य समझाया।

लड़के को सारे देश के लोगों की तरह क्रिकेट का उत्तेजित करने वाला व्यसन और उसका प्रिय खिलाड़ी कपिल देव। देश पराजय की कगार पर खड़ा है, जीत के लिए चाहिए केवल बीस रन और कपिल देव आख़िरी खिलाड़ी के साथ बैटिंग कर रहा है। असंख्य लोगों की तरह लड़का भी अपने दुख, नेताओं की कुर्सी पर जमे रहने की हत्यारी कमीनगी, राम और बाबर की लड़ाई जो वोट के व्यापारी नेताओं ने शुरू करवायी, सब

कुछ भूल चुका है क्योंकि उसे भी राष्ट्रीय व्यसन लग गया है–क्रिकेट। और भारत भाग्य विधाता अब न तो नेता हैं, न कवि, न लेखक। हैं तो लकड़ी के बल्ले से गेंद को मारने वाले क्रिकेट खिलाड़ी, देश की डूबती नैया के कर्णधार। सुन्दर, मुन्दर ने साथ–साथ 'हाँ' में सिर हिलाया और साथ–साथ काल्पनिक क्रिकेट बॉल को एक–दूसरे की तरफ़ फेंकना शुरू कर दिया। मैच शुरू होने से पहले की तैयारी। वे दोनों यह दृश्य करेंगे। बॉलिंग भी, बैटिंग भी, फील्डिंग भी और साथ–साथ आँखों–देखा वर्णन और दर्शकों का उत्तेजित अथवा साँस रुका ख़ामोश शोर। वे खड़े हो गये। खुली छत के एक किनारे पर एक और दूसरे पर दूसरा। पता नहीं कपिल देव कौन बनेगा। सुन्दर अथवा मुन्दर। एक ने बॉल फेंकने के लिए हाथ उठाया और दूसरा कपिल देव बन गया। आधा नीचे झुका, फिर खड़ा हो मैदान की ओर गर्दन घुमा देखा। फील्डर उसके शत्रु बन चुके हैं इसलिए आँखों में गुस्सा, मूँछें हिलते ही कपिल देव के दाँत दिखने शुरू हो गये। एक ने कमेंट्री की। इस ओवर की दो बॉलें बाक़ी हैं, एक पर कपिल देव चौका अथवा छक्का मारे और दूसरे पर एक रन ले तो अगले ओवर का सामना कर सकता है तभी भारत का ध्वज लहरायेगा। झण्डा इन दिनों गेंद में बदल चुका है और करोड़ों लोगों के दिल की धड़कन पर कब्ज़ा है कपिल का। नहीं चाहिए उन्हें अपने अधिकार, नहीं चाहिए उन्हें न्याय, उन्हें चाहिए तो केवल कुछ रन जो केवल कपिल दे सकता है। उनके नशीले व्यसन की बची आख़िरी नशीली दवाई। खुली छत पर खड़े बाक़ी अभिनेता अपने आप दर्शकों में बदल गये और तालियाँ बजाने लगे।

ज़रूर कोई अच्छी बात है, पागल भाइयों की तालाबन्द कल्पना ने सोचा और उन्होंने भी तालियाँ बजानी शुरू कर दीं। गूँगी बहन ने उन्हें रोका नहीं क्योंकि माँ–बाप जब काम पर जाते हैं तो इन दो पागलों की माँ वह बन जाती है। सुख की साथी, दुख की साथी। मसख़रे कपिल देव ने दाढ़ीवाले से पूछा कि उसे छक्का मारना है या बाउंड्री। इससे पहले कि वह कोई जवाब दे अभिनेताओं ने एक आवाज़ में माँग की–छक्का। वी वांट सिक्सर।

दीवार के साथ खड़े पागल भाइयों ने नकल में कहा–छक। छक। गूँगी बहन के भी मन से छक्का शब्द ऊपर चला लेकिन होंठों पर आकर बदल गया और वह बोली–'गाँ–गाँ–गाँ' और उदास हो गयी कि बाक़ी

लोगों की तरह वही शब्द क्यों नहीं बोल सकती जो सोचती है। मंच पर बैठा लकवा–मरीज़ लड़का भी इस सामूहिक उत्तेजना का हिस्सा बन गया। इससे पहले कि वह भी छक्का बोले दाढ़ीवाला उसके पास गया, सामने खड़ा हुआ।

जब सब लोग छक्का शब्द बोलेंगे, जब गेंदबाज दौड़ेगा, लोग चुप हो जायेंगे तो इस कुछ क्षणों की साँस रुकी चुप्पी के समय उसे तीन बार बोलना है–'रोटी, रोटी, रोटी।' लेकिन कोई नहीं सुनेगा उसकी मौत के दरवाज़े पर खड़ी माँग क्योंकि कभी कोई नहीं सुनता भूखों की आवाज़। पेट की भूख अब ख़बरों में बदल चुकी है अथवा सेमीनारों में और निर्धन की रोटी के बदले दी जाती है राजनीति। लकवा लड़के ने बोला–'रोटी, रोटी, रोटी' और दाढ़ीवाले की आँखों में पहले गुस्सा, फिर पराजय का भाव आ गया। उसे निश्चय हो गया कि यह लड़का रोटी के साथ सम्पूर्ण अर्थ नहीं जोड़ पायेगा और नाटक हर हालत में पिटेगा।

मसख़रा कपिल देव और गेंदबाज खेल मैदान से लौटे और मंच पर उसके पास बैठ गये। दोनों को एक साथ समझ आ गया कि उनके स्वप्न–दृश्य की सफलता में आड़े आयेगा वह लड़का जिसे रोटी बोलना नहीं आया अब तक। दोनों ने सोचा ख़ुद उसे बोलकर समझायें लेकिन वे बोले नहीं क्योंकि निर्देशक को वह बड़ा भाई मानते हैं और यह भी जानते हैं कि रंगमंच संसार की सृष्टि तो वही कर सकता है न। दोनों ने साथ–साथ अपने–अपने बायें गाल पर हथेली रखी और सोचने की मुद्रा में एक कोण विशेष पर अपने सिर झुका लिए। खुली छत पर खड़े अभिनेता हँस पड़े उनकी वह अभिनय–मुद्रा देखकर। लेकिन वह ग़लत हँसे क्योंकि इस समय मसख़रे अभिनय नहीं कर रहे, सचमुच सोच में डूबे हुए हैं।

दाढ़ीवाले को उनके मन की सोच का पता चल गया। जानता है ये दो आदमी दो खिलाड़ियों, दस क्षेत्र–रक्षकों, आँखों देखा हाल वर्णन करने वालों और हज़ारों दर्शकों में तब्दील हो जायेंगे। न उनके पास बल्ला होगा, न गेंद और न माइक। क्योंकि दाढ़ीवाला रंगमंच साज–सामान का इस्तेमाल बिल्कुल नहीं कर रहा। वह सुन्दर, मुन्दर के पास मंच पर बैठ गया और उन्हें बताया कि इस दृश्य के प्रकाश संयोजन के लिए दिल्ली से गिरधारी लाल आयेंगे। मसख़रे जानते हैं कि गिरधारी चाचा प्रकाश संयोजन के 'मास्टर' हैं, ख़ाली मंच को उनकी जादुई उँगलियाँ बिजली

का बटन दबाकर जंगल में भी बदल सकती हैं और समुन्दर में भी। यह सोचते ही दोनों ने साथ–साथ सिर उठाया और अनुपस्थित गिरधारी चाचा के अनुपस्थित प्रकाश की छोटी–सी चमक उनके चेहरों पर आ गयी।

कपिल देव मसख़रे को बताया कि छक्का मारने के बाद उसे एक रन लेना है ताकि अगले ओवर का सामना वह कर सके। वह एक रन मारेगा, गिरेगा और रन–आउट हो जायेगा। कपिल देव की आँखों में पहले डरावना गुस्सा आयेगा, फिर पराजय का अपमान, हज़ारों दर्शकों की आँखों में आये आँसू उसकी आँखों में आ जायेंगे, वह मैदान में बैठ मुँह हाथों से ढाँपेगा और रोना शुरू कर देगा।

सुन्दर, मुन्दर ने दाढ़ीवाले का मुँह देखा कि कहीं मज़ाक़ तो नहीं कर रहा। दोनों ने एक साथ स्पष्ट शब्दों और अडिग निर्णय वाली आवाज़ के साथ इनकार किया–नहीं। वे रोयेंगे नहीं। कपिल देव रोयेगा नहीं। निर्देशक ने कहा कि उसे भी पता है कि आउट होने पर कपिल देव नहीं रोता लेकिन इस दृश्य की परिणति तो भारत की पराजय नहीं, लड़के का मरना...। दोनों ने एक साथ उसकी बात काटी और एक साथ बोले कि सवाल कपिल के रोने का नहीं, उनका है। वह बिल्कुल नहीं रोयेंगे।

"लेकिन क्यों?" निर्देशक ने थोड़ा खीझकर पूछा। "क्योंकि मसख़रे कभी नहीं रोते।‟ दोनों ने एक साथ अपना अन्तिम निर्णय सुनाया।

दाढ़ीवाले ने कहा कि उसे भी पता है कि मसख़रे नहीं रोते लेकिन यह दृश्य नाटक की आत्मा है और उनके रोने से...।

पता नहीं सुन्दर ने बताया या मुन्दर ने कि वह इस दृश्य के रहस्य को जानता है। लेकिन जब वह आउट होगा तो बिना रोये लोगों को, स्टेज पर बैठे लकवा–लड़के को, पास खड़ी छोटी बहन को रुला देगा। मसख़रे तो ज़माने–भर के दुखों की पोटली हमेशा अपनी पोटली बना लेते हैं और बदल देते हैं लोगों के दुख को सुख में, इसीलिए तो मसख़रे होते हैं, मात्र मसख़रे। उनके अपने सुख–दुख का कोई स्थान नहीं, कोई महत्त्व नहीं उनके अपने जीवन में क्योंकि वह तो परीक्षा है। वे प्रतिनिधि हैं लोगों के सुख के, लोगों के दुख के।

निर्देशक ने न चाहते हुए भी उनसे बहस बन्द कर दी क्योंकि वह समझ गया कि सुन्दर, मुन्दर उसका कहा नहीं मानेंगे। ये सच जानते हैं और जो सच है उसे मानते भी हैं : लकवा–लड़का रोटी शब्द नहीं बोल

पा रहा और मसख़रों का रोने से इनकार। बहुत अरसे के बाद वह भी पहली बार उदास हुआ क्योंकि उसकी कल्पना नाटक के प्रथम मंचन के दिन तक पहुँची और असफलता में बदल गयी।

दीवार के साथ लगे खड़े लड़कों ने बहन से कुछ माँगा जो उसने सुना नहीं हालाँकि उसके कान ठीक हैं। दरअसल वह मंच पर बैठे लकवा–लड़के के लोक में प्रवेश कर चुकी है। चाहे वह स्कूल नहीं गयी, पढ़ नहीं सकती, बोल नहीं सकती लेकिन नाटक की कहानी उसे समझ में आ गयी। निपट निर्धन माँ–बाप लड़के को भूखा रख मार रहे हैं और उसे उन पर रत्ती–भर गुस्सा नहीं आ रहा। जो लोग लगातार ग़रीबी की मार खा रहे हों, वे क्रूर और कमीने बन जाते हैं। ठीक हाथ–पैर वाले बच्चे को, परियों की कहानियाँ सुनने वाली उमर में, ढाबों और घरों में बर्तन माँजने के लिए भेजना पड़ता है। उनके सपने पैदा ही नहीं होते। फिर एक विकलांग को क्योंकर जीवित रखना चाहेंगे। दो टाँगों और दो हाथों वाले आदमी का ज़िन्दा रहना मुश्किल हो गया है तो फिर इस लकवा–लड़के..., यहाँ तक पहुँचकर उसकी कल्पना बिल्कुल भयभीत हो गयी। अच्छा हुआ कि उसके अपने माँ–बाप नाटक की रिहर्सल के समय काम पर चले जाते हैं। कहीं उन्होंने भी उसके पागल भाइयों को मारने का निर्णय कर लिया तो? दो पागल भाई ही तो उसकी गूँगी दुनिया में बातचीत के, वार्तालाप के माध्यम हैं। उनकी विकलांग समझ जो कुछ देखती है वे अपनी विकलांग भाषा में उसे हमेशा बताते हैं और बोलने वालों की दुनिया का छोटा–सा संसार उसके हिस्से में भी आ जाता है। सीढ़ियों का दरवाज़ा जब भी खुला रह जाये पागल भाई हमेशा बाहर भाग जाते हैं और पकड़ में तभी आते हैं जब पिता काम से लौटने पर उन्हें तलाश कर लगातार पीटता हुआ घर लाता है। उन्हें बाप के मारने से बिल्कुल दर्द और तकलीफ़ नहीं होती क्योंकि बाहर के संसार के छोटे–छोटे अचरज उनके लिए आश्चर्य और आनन्द का कवच बन जाते हैं।

भाई उसकी आवाज़ में बोले–गाँ, गाँ, गाँ। उनके गुस्से से वह समझ गयी कि उन्हें भूख लग गयी और रोटी माँग रहे हैं। वह अन्दर गयी, बड़े से थाल में रोटियों के दो ढेर बना बीच में सुबह की बनी सब्ज़ी रखी और थाल दीवार पर भाइयों के सामने रख दिया। उनकी रोटियाँ हमेशा अलग रखनी होती हैं क्योंकि वे एक–दूसरे की रोटी हड़पने के चक्कर में रहते हैं। दाल–सब्ज़ी को लेकर उनमें कभी झगड़ा नहीं होता। दोनों भाइयों

ने अपने–अपने ढेर से रोटी उठायी, गोल की और जाने क्यों स्टेज कर बैठे लकवा को दिखाकर कहा– 'देखो, देखो, हमारी रोटी।' यह एक साथ रोटी खाना शुरू हुए और एक साथ हँसने भी लगे क्योंकि उन्हें सयाने संसार से अपना पागल संसार कहीं अच्छा लगा जिसमें उन्हें खाने को रोटी तो मिलती है।

मसख़रे एक साथ उठे और उन दो भाइयों के सामने खड़े होकर कहा–'भूख। रोटी दो।' दोनों भाइयों ने अपनी–अपनी रोटी की ढेरी उठायी और उछलकर दीवार से परे हो गये।

सुन्दर अथवा मुन्दर ने छोटे क़द की दीवार पर चढ़ने की कोशिश की। दोनों भाई छत के अपने हिस्से में दौड़ना शुरू हो गये। जब उन्हें गुस्सा आये तो हमेशा दौड़ते हैं लेकिन मसख़रों को तो इस बात का पता नहीं। गूँगी ने चेतावनी दी–'गाँ, गाँ, गाँ।' लेकिन मसख़रे गूँगे शब्द का अनुवाद नहीं कर पाये कि रोटी मत माँगो, दोनों पागल मारेंगे। मसख़रे ने दीवान के दूसरी तरफ़ एक टाँग लटका दी, नीचे कूदने के लिए। एक पागल ने ईंट उठायी और दूसरे ने डण्डा। दोनों साथ–साथ जानवर में बदल गये और उनके गलों में गुर्राहट भर गयी। दोनों दहाड़े, 'भागो। रोटी छीनता है। मारेंगे।' दोनों दीवार पर चढ़े मसख़रे की तरफ़ झपटे। छत पर खड़े मसख़रे ने अपने साथी को नीचे खींचा और दोनों मंच के पास दौड़ आये।

पागल भाई अब रोटी खाना भूल गये हैं और छत के अपने हिस्से पर पगलाया नाच शुरू कर दिया। एक का ईंट पकड़ा हाथ और दूसरे का डण्डा पकड़ा हाथ, छत के रिहर्सल वाले हिस्से में उठा हुआ। उन्होंने ईंट और डण्डा मारा कि मारा।

निर्देशक की पत्नी दीवार के पास गयी और उनकी बहन की गूँगी भाषा में होंठों पर उँगली रख आवाज़ की–'शी...।' दोनों के उठे हाथ नीचे हो गये लेकिन चेहरों पर पगलाया गुस्सा वैसे का वैसा। उन्होंने मसख़रों की तरफ़ देखकर कहा–'रोटी।' छीनते।

उसने उनकी बोली में कहा–'नहीं छीनते नहीं। छेड़ते। खेलते।' पागलों का डरा हुआ गुस्सा थोड़ा कम हुआ। उसने दीवार पर रखा ख़ाली थाल उनकी तरफ़ बढ़ाया और कहा–'रखो। इसमें। खाओ।' दोनों ने अपनी रोटियाँ थाल में रखीं और खाने में मग्न हो गये।

वह मंच के पास लौटी और डरे हुए मसख़रों को बताया कि कभी भूल से इन पागल भाइयों से रोटी न माँगें वैसे तो ये शान्त पागल हैं लेकिन

रोटी खाते वक़्त एक खूँखार जंगली जानवर में बदल जाते हैं जो अपने शिकार के पास किसी को नहीं आने देते। एक बार एक भाई ने ईंट मारकर दूसरे भाई का सिर फोड़ दिया था जब उसकी रोटी दूसरे ने चुराई थी।

दोनों की रोटियाँ ख़त्म। उन्होंने ख़ाली थाल उठाया, मसख़रों को दिखाया और ईंट तथा डण्डे से लगातार बजाना शुरू कर दिया। अब वह ऊँची, भरे–पेट की ऊँची हँसी लगातार हँस रहे हैं। बहन के बार–बार होंठों पर उँगली रखने के संकेत को बिल्कुल नहीं मान रहे हैं। वे अपनी इस विजय पर बहुत ख़ुश हैं कि आज आये दो फुटबॉल उनसे डर गये।

उनके थाली बजने और लगातार हँसने की आवाज़ों के बीच दाढ़ीवाले ने मसख़रों को बताया कि वेशभूषा रिहर्सल दो दिन बाद शनीचर को होगी। मुन्दर ने जवाब दिया कि ये रात की गाड़ी से लौट जायेंगे क्योंकि कल उन्हें सीरियल में शूटिंग करनी है। शनीचर शाम पहुँच जायेंगे। अगली शाम नाटककार के प्रथम मंचन वाले दिन वह स्वप्न–दृश्य में अपना रोल कर लेंगे क्योंकि उन्हें सब कुछ समझ आ गया है इसलिए बीच के दो दिन रिहर्सल के लिए नहीं आयेंगे।

वे उठे, दोनों पागल भाइयों के सामने गये, हाथ जोड़े और सिर झुका उनके सामने खड़े हो गये, क्षमा माँगते हुए। पागलों को शायद अपने गुस्से पर शर्मिन्दगी महसूस हुई, उन्होंने भी अपने हाथ जोड़े और सिर झुका लिए। दोनों मसख़रों ने अलविदा में हाथ हिलाये, पागल भाइयों ने भी हाथ हिलाये और कहा–'आना। आना। नहीं मारेंगे।' बादलों ने चाँद को फिर धर दबोचा और खुली छत बिल्कुल काले कम्बल में बदल गयी।

बीच के दो दिन नाटक की रिहर्सल हुई लेकिन निर्देशक ने जान–बूझकर यह स्वप्न–दृश्य नहीं करवाया जिसमें कपिल तो आउट होगा और लड़का मरेगा और इन दो दिनों में लकवा–लड़के का रोल करने वाला अभिनेता और बुझ गया क्योंकि उसे पता है कि बाक़ी अभिनेताओं की आँखों में उसे लेकर सन्देह, आशंका और खीझ है। क्योंकि वे समझ गये कि उसके कारण नाटक असफल होगा। निर्देशक ने सारे नाटकों में हमेशा समझाया है कि आज से काम करना ज़रूरी है, मंच पर बोलते, चलते, अभिनय करते समय आन्तरिक–ऊर्जा ही उन्हें पात्र के जीवन और शरीर में बदल सकती है और लकवा–लड़का गिनी–चुनी सीढ़ियाँ चढ़ खुली छत पर पहुँचता है तो साँस फूली हुई और शरीर निढाल। उसका

गोरा रंग अब लगभग पीला पड़ चुका है। उसे इस बात का कहीं गुस्सा है कि दाढ़ीवाला जान–बूझकर उसके दृश्य का अभ्यास नहीं करा रहा लेकिन वह नहीं जानता कि उसका गुस्सा ग़लत है। निर्देशक अभिनय की इस चाल और चालाकी को जानता है कि जब किसी कमज़ोर अभिनेता की उपेक्षा की जाये, तो वह अपने मन में लगातार अपने पात्र से खीझता है, संवाद करता है, लड़ता है और प्रायः वह काग़ज़ों के कायाहीन पात्र को जीवन दे देता है। सबको यह भी साफ़ लगा कि इन दो दिनों में लड़के के सुनहरे बाल और लम्बे हो उलझ गये हैं। माँ–बाप भाई उसके बाल कटवाते ही नहीं क्योंकि घोर ग़रीबी के कारण जब वह बेटे को जीवित नहीं देखना चाहते तो फिर बाल कटवाने का मतलब? उन्हें इस सच का भी तो पता है कि इतने दिन भूखा रखने के कारण लड़का किसी भी दिन, कभी भी मरेगा। निर्धनता का क़र्ज़ केवल मृत्यु ही उतार सकती है।

आज ड्रेस–रिहर्सल होनी है। दिल्ली से गिरधारी चाचा दोपहर को पहुँच गये, अपने बिजली–सामान के जादुई थैले के साथ। उन्होंने स्विच पटल देखा, केवल दो प्लग लगाने की जगह और छोटी खुली छत जिसे बदलना है क्रिकेट–मैदान में। छोटे शहरों की नाटक–मण्डलियों की सीमाओं को जानते हैं। न कोई शिकायत की न कोई माँग। तीन–मुँहे प्लग लगाकर उन्होंने छोटे बिजली–बोर्ड को बड़ा कर दिया।

अब वे छत पर आ गये। थैले से लम्बे तार और छोटे–बड़े अलग–अलग रंगों के बल्ब निकालकर मंच पर रखे। दोनों पागल भाई और गूँगी बहन दीवार के अपनी तरफ़ खड़े इस सामान को देख इतने आश्चर्यचकित हो गये कि बिल्कुल नहीं बोले।

गिरधारी भाई ने निर्देशक से पूछा कि क्या एक लम्बा–मोटा बाँस छत पर लगाया जा सकता है ताकि इस पर प्रकाश घटाने–बढ़ाने वाला बड़ा बल्ब बाँधा जा सके। दाढ़ीवाले ने जिस बुझी आवाज़ में बताया कि ख़रीद लायेंगे, उन्हें समझ आ गया कि पैसों की कमी है। उन्होंने साथ के मकान की छत को देखा। टेलीविज़न के एंटीना की तरफ़ संकेत किया और कहा कि कोई अभिनेता छत पर चढ़े, एंटीना झुकाये, स्पॉट–लाइट इसके साथ लगा, एंटीना सीधा कर दे तो उनका काम चल जायेगा। दाढ़ीवाला उन्हें बता चुका है कि आज शाम वेशभूषा अभ्यास में केवल स्वप्न–दृश्य के लिए उन्हें प्रकाश–संयोजन करना है, नाटक का शेष हिस्सा साधारण प्रकाश

में हो जायेगा। अचानक इस सच का सब अभिनेताओं को पता चला कि गिरधारी चाचा बिल्कुल बोलते नहीं, किसी भी बात पर उन्हें आश्चर्य नहीं होता। उनके प्रकाश–संसार में इन बातों का न कोई महत्त्व है, न कोई स्थान। और तो और दीवार के साथ लगे खड़े दो पागल भाइयों और गूँगी बहन के बारे में भी उन्होंने किसी से कुछ नहीं पूछा।

उन्होंने लकवा–लड़के को मंच पर बैठने के लिए कहा। लड़के ने अपने कान छुए, मंच पर माथा टेका, ऊपर चढ़ा और चौकड़ी मारकर बैठ गया। उसका सिर गिरधारी चाचा ने हाथ से छूकर और नीचे झुकाया और लम्बे बालों को उसके चेहरे के दोनों तरफ़ बिखरा दिया। सुनहरे बालों की तुलना में उसका रंग पीला पड़ गया। गिरधारी भाई ने उसे समझाया कि कपिल देव के आउट होने पर वह प्रकाश–केन्द्र उसके मुँह पर ले आयेंगे। लड़का ज़ोरों से रोयेगा, सिर हिलायेगा। बाल पीछे होंगे और वह हज़ार वॉल्ट की रोशनी उसके चेहरे पर स्थिर कर देंगे। प्रकाश में नहाया लड़का जब मृत्युलोक की तरफ़ जायेगा तो रोशनी धीरे–धीरे कम होगी और खट से अँधेरा हो जायेगा। लड़के का भी अन्त और नाटक का भी अन्त।

अभिनेता अलग–अलग अथवा साथी–सवारी के साथ खड़े अपने–अपने संवाद दुहरा रहे हैं। वेशभूषा–अभ्यास वाली शाम नाटक के प्रथम मंचन का पूर्वाभास होती है, एक सीमा के बाद न अभिनय और न लाइनें बोलने में कुछ भी उन्नत अथवा बेहतर हो सकता है क्योंकि नाटक के आसपास एक अदृश्य सीमा–रेखा होती है जिसमें कोई क़िस्मत का धनी अभिनेता ही प्रवेश कर सकता है। निर्देशक–पत्नी अर्थात् छोटी–बहन ने आज फ्रॉक पहन, बालों को कस कर कंघी की है और काल्पनिक गुब्बारे को काल्पनिक छोर से उँगली में बाँध खुली छत पर लगातार स्टापू खेल रही है। वह बदल तो गयी है तीस वर्ष से तेरह, चौदह वर्ष की लड़की में लेकिन वह अपनी जाँघों का क्या करे जो एक औरत वाली है–मांसल। कूदने पर जिनमें मांस–मछलियाँ उछलती हैं। दाढ़ीवाले ने गिरधारी चाचा के पास जा छोटी की सुडौल टाँगों की तरफ़ इशारा किया, उन्होंने सब कुछ समझकर हाँ में सिर हिलाया। दाढ़ीवाले ने पत्नी उर्फ़ छोटी से कुछ कहा और वह दीवार के साथ लगे दो पागल भाइयों और गूँगी बहन की तरफ़ बढ़ने को हुई कि तभी सुन्दर, मुन्दर सीढ़ियाँ चढ़ छत पर पहुँच गये।

दो भाइयों ने उन्हें देखा, ख़ुश हुए और तालियाँ बजानी शुरू कर दीं–'आ गये। आ गये।' गूँगी बहन उनके साथ–साथ बोली– 'गाँ, गाँ, गाँ'।

मसख़रों ने गिरधारी भाई के पाँव छुए, सबको नमस्कार किया और फुटबॉल की तरह लुढ़कती चाल से दीवार के पास पहुँच उनके सामने खड़े हो उनकी तरह ताली बजायी और उनकी आवाज़ में कहा—'आ गये। आ गये।'

दोनों भाइयों ने हँसना और ताली बजाना बन्द किया। अपने नये पागल साथियों की ओर हैरान होकर देखा और फिर उनकी आँखों में एक सन्देह ने जन्म ले लिया। उनकी अपंग—सोच थोड़ा—सा डर गयी, कि क्या वह दोनों अब उनके साथ रहेंगे। कहीं उनके हिस्से का खाना खा गये तो? पागल हैं तो क्या, उन्हें इतना तो अब तक याद है कि इन दो फुटबॉलों ने पिछली बार उनकी रोटी छीनने की कोशिश की थी। दोनों के होंठ थोड़े फैले, उनके पीले दाँत दिखे और इससे पहले कि उनके दिल का डर गुर्राहट में बदले मसख़रों ने हाथ जोड़े और सिर झुकाकर खड़े हो गये। दोनों की अपंग—कल्पना में उपजा भय एकदम विजय—भावना में बदल गया, वे सुरक्षित हो गये कि यह दो फुटबॉल बाक़ी बहुत से लोगों की तरह उनसे डर गये। वह हँसे और मसख़रे मंच के पास लौट गये।

छोटीपास पहुँची। वे उत्सुक होकर उसकी तरफ़ देखने लगे क्योंकि उससे वे बिल्कुल नहीं डरते। रिहर्सल वाले दिन वे हमेशा दोनों के लिए मुट्ठी—भर टॉफियाँ जो लाती है। उनके सीमित संसार में केवल दो दोस्त हैं, गूँगी बहन और वह साँवली औरत। छोटी ने दोनों हथेलियों पर बराबर—बराबर टॉफियाँ रखीं और हाथ उनकी तरफ़ उठा दिये। अपने—अपने हिस्से की टॉफियाँ उठा उन्होंने अपनी—अपनी मुट्ठी कस कर बन्द कर ली। इस साँवली की पीठ फिरते ही मुँह में भर लेंगे। हालाँकि उसने देने के बाद टॉफियाँ कभी वापिस नहीं माँगीं लेकिन दोनों भाइयों को अपने—अपने निर्दय अनुभवों ने सिखा दिया है, पक्का डरा रखा है कि कोई भी, कभी भी उनसे कुछ छीन लेगा। यह औरत जाती क्यों नहीं ताकि वे टॉफियाँ गड़प कर सकें। दोनों को पता चल गया कि कुछ बोलेगी। उनकी विकलांग इन्द्रियाँ चौकस हो गयीं।

छोटी ने होंठों पर उँगली रखी और कहा—'शीSSS।' दोनों हैरान। वह तो बोले ही नहीं फिर शी क्यों।

छोटी ने बताया—'बिल्कुल नहीं बोलना आज। बिल्कुल चुप।'

तभी गिरधारी भाई ने बिजली बुझा दी और अँधेरी खुली छत पर चलकर छोटी रिहर्सल कमरे के दरवाज़े पर लौटी और अपनी उँगली से काल्पनिक गुब्बारा बाँध लिया।

वह स्टापू खेलते हुए लकवा–लड़के की तरफ़ बढ़ी। गोलाकार रोशनी उसके हिलते हाथ के साथ–साथ उछल रही है। गिरधारी चाचा ने उसकी स्वस्थ टाँगों पर बिल्कुल प्रकाश नहीं डाला और उसकी उमर सचमुच घट गयी। वह उछली। लाइट उसके साथ–साथ उछली। वह भाई के पास पहुँचकर रुकी। हाथों में हिलता प्रकाश–गुब्बारा हौले–हौले हवा में तैरने लगा। लकवा–भाई ने बैठे–बैठे छोटी–सी छलाँग लगायी। उसने गुब्बारा उसकी पहुँच से परे कर हिलाया। भाई बोला–'गुब। गुब।'

गिरधारी भाई ने गुब्बारा ग़ायब कर दिया और रोशनी का गोला लकवा–लड़के के चेहरे पर स्थिर हो गया। सबने प्रकाश–पुंज में उसका मुँह देखा और बिल्कुल भयभीत हो गये। लड़के का रंग अब पीले से रक्तहीन सफ़ेद हो चुका है लेकिन उसकी आँखें। क्या हो गया उसकी आँखों को। उनमें इतना पवित्र तेज़ कहाँ से आ गया। यह लड़का जो मात्र रोटी शब्द ठीक से न बोलने के कारण सबकी नाराज़गी का पात्र इतने दिनों से बना हुआ है, आज इतना भयमुक्त कैसे हो गया। उसने प्रशंसा प्राप्त करने वाली भिखारी आँखों से न तो दाढ़ीवाले की तरफ़ देखा और न ही साथी–अभिनेताओं की तरफ़। वह अपने मृत्यु–लोक में जाने के लिए बिल्कुल तैयार है।

गिरधारी भाई ने बिजली का दूसरा बटन दबाया। छत से गुब्बारा ग़ायब। सारे के सारे लोग उनके प्रकाश लोक के माया जाल से बाहर निकल आये। पागल भाइयों की आँखें अब भी छत पर थोड़ी देर पहले उड़ते गुब्बारे को तलाशती वहीं की वहीं अटकीं।

छोटी ने गिरधारी भाई के पाँव छुए, उन्होंने उसके सिर को अपनी छाती से लगाया और पीठ पर धीरे–धीरे हाथ फेरा। बाक़ी के अभिनेताओं को भी पता चल गया कि मंच पर बैठा हुआ लड़का आज ज़रूर मरेगा; क्योंकि गिरधारी भाई की जादुई उँगलियों से निकलकर और बिजली के बटन तक पहुँचकर जन्म लेते प्रकाश ने लड़के को मृत्यु लोक के दर्शन करा दिये हैं। सब उसकी मृत्यु का हिस्सा बन गये।

लकवा–लड़के ने अपने दोस्त अभिनेता को कुछ लाने के लिए इशारा किया। उसने बाल्टी से पानी का गिलास भरा और मंच पर बैठे लड़के को पकड़ाया। वह भरा गिलास एक बार में ही पी गया और सब हैरान रह गये। लड़के को इतनी सर्दी में इतनी प्यास कैसे लग गयी। ठण्डे पानी ने उसको बिल्कुल ठण्डा कर दिया होगा। दोस्त अभिनेता ने उससे ख़ाली गिलास पकड़ा और बिल्कुल मरी हुई चाल से अपनी जगह लौट आया। दाढ़ीवाले ने एक बार सोचा ज़रूर कि उससे पूछे तो सही कि दोस्त को पानी का गिलास देने में इतना दुखी होने का मतलब। फिर उसने पूछने का अपना इरादा बदल दिया।

चाय आ गयी। मसख़रे खुली छत के कोने पर खड़े गिरधारी भाई से बातें करने लगे। सबने अपना–अपना गिलास चाय–छोकरे के हाथ–डिब्बे से लिया लेकिन मंच पर बैठे लकवा–लड़के ने सिर हिलाकर इनकार कर दिया। जब 'छोटी' ने उससे कारण पूछा तो पूरी आँख खोलकर उसकी तरफ़ देखा और छोटी डर गयी। क्या है बीमार भाई की आँखों में–अपना दृश्य न करने की आशंका से उपजी असफलता, भय अथवा मरने की कल्पना–मात्र से जन्मा आतंक। उसने सोचा कि पति से कहे कि लड़के ने चाय नहीं पी। लेकिन यह बात इतनी महत्त्वपूर्ण तो है ही नहीं कि निर्देशक को बतायी जाये।

पागल भाई इस बात से अभ्यस्त हैं कि जब चाय आये तो बातें की जा सकती हैं, दोनों 'गुब–गुब' कहकर अपनी–अपनी जगह उछलने लगे रोशनी का वह हिलता गुब्बारा पकड़ने के लिए जो गिरधारी भाई ने ग़ायब कर दिया था। मसख़रों ने उनकी तरफ़ देखा, यह क्षण तीन दिन पहले वाले उस क्षण से जुड़ गया जब इन दो फुटबॉलों ने उनकी रोटी लेने की कोशिश की थी। शायद पागल–संसार में अतीत और वर्तमान में भेद नहीं होता। प्रत्येक क्षण अपने आप में सम्पूर्ण। दोनों ने दीवार पर रखा रोटियों–भरा थाल उठाया और छत के अपनी तरफ़ नीचे रख दिया।

गूँगी लड़की बोल नहीं सकती लेकिन समझती तो है कि मंच पर बैठे बीमार लड़के को मरना है। लेकिन वह क्योंकर मरेगा इसका पूरा कारण उसे समझ नहीं आ रहा है। फिर आज यह लड़का इतना डरा–डरा क्यों है? उसके सुनहरे बाल चेहरे पर झूल रहे हैं और वह आदतन इन्हें हाथों से हटा भी नहीं रहा। क्या इसे सचमुच रोटी नहीं दे रहे माँ–बाप जैसे

कभी–कभी उसके पागल भाइयों को, जब वे बाहर भाग सकते हैं, पिता पहले मारता है फिर भूखा रहने का दण्ड देता है? मंच पर बैठे लड़के का चेहरा उसके दो भाइयों के चेहरे से जुड़ गया और उसे एकदम दाढ़ीवाले पर गुस्सा आ गया। बीमार लड़के को माँ–बाप खाने के लिए कुछ नहीं दे रहे तो क्या हुआ वह तो दे सकती है। कहीं लड़के को...। इससे आगे वह सोच नहीं सकी क्योंकि 'छोटी' उसके भाइयों के सामने आ खड़ी हुई। इससे पहले कि वह कुछ बोले भाइयों ने अपने–अपने होंठों पर हथेली रख ली, चुप हो गये और हमेशा की तरह 'शी' की आवाज़ नहीं निकाली। दोनों पागल भी गूँगी बहन की तरह दाढ़ीवाले की तरफ़ देख रहे हैं और इस सच का पता लगते ही कि तीनों की आँखों में उसके पति के प्रति गुस्सा है, वह दंग रह गयी। भला उससे नाराज़ होने का कारण? उसने तो इन्हें कुछ कहा ही नहीं। गिरधारी चाचा ने लाइट बुझा दी और वह अँधेरे में चलकर प्लाईवुड के बने मंच पर चढ़ी और टीवी पर क्रिकेट मैच देखते अपने भूख से बीमार भाई के पीछे खड़ी हो गयी।

छत के बीच के हिस्से से प्रकाश डालकर गिरधारी भाई ने इसे क्रिकेट–मैदान में बदल दिया। कपिल देव बने मसख़रे ने साथी खिलाड़ी को कुछ कहा जैसा कि अक्सर दो बल्लेबाज आपस में कुछ सलाह करते हैं। क्या कहते हैं, इसका पता न दर्शकों को चलता है न खेल प्रदर्शन करने वालों को। दाढ़ीवाला मंच के पास गया, बीमार लड़के के गालों पर लटके लम्बे बाल पीछे किये, उसके सिर पर हाथ धरा और ख़ामोश आशीर्वाद देने के बाद वापिस आ गया।

पता नहीं सुन्दर ने अथवा मुन्दर ने कमेंट्री शुरू कर दी कि इस ओवर की दो गेंदें बाक़ी हैं। पहली गेंद पर कपिल अगर चौका अथवा छक्का मारे तो आख़िरी गेंद का सामना कर सकता है और उसे आख़िरी गेंद पर एक रन लेना चाहिए। हिरवानी की क्या हिम्मत कि वह मार्शल जैसे तूफ़ानी गेंदबाज की एक गेंद का भी सामना भी कर सके।

कमेंट्री करते मसख़रे की आवाज़ में उत्तेजना के साथ डर भी आ गया और उसने दर्शकों और असंख्य सुनने वालों को यह ख़तरनाक ख़बर दी कि रिचर्ड्स ने अपने सारे फील्डरों को बाउंड्री के पास भेज दिया है। वह किसी हालत में कपिल को बाउंड्री नहीं लगाने देगा। मसख़रा चुप हो गया। प्रकाश का गोला सिमटा और कपिल देव मसख़रे के मुँह पर स्थिर। उसने

अपनी गर्दन चारों तरफ़ घुमायी और बाउंड्री के पास खड़े शत्रु–खिलाड़ी देख लिये। उसकी मूँछें हिलीं और चमकीले दाँत चमकना शुरू हो गये। दर्शकों की बन्द साँस शब्द में बदली और किसी ने कहा–'छक्का।' दोनों पागल भाइयों ने बोल कर और गूँगी बहन ने दिल में कहा–'छक्का' छत पर खड़े अभिनेता कपिल देव के इरादे का हिस्सा बन गये और एक साथ हुंकार लगाई–'छक्का' मंच पर बैठे बीमार लड़के ने दिल में कहा 'छक्का' क्योंकि उसे तो इस चौके अथवा छक्के के बाद रोटी शब्द बोलना है।

काली, धुर काली रात में गिरधारी भाई की उँगलियाँ स्विच–बोर्ड पर लगे बटनों को देख सकती हैं क्योंकि अँधेरे में उनकी उँगलियों की आँखें लग जाती हैं। उनके मन का माया जाल उँगलियों में सरका और बटन दबाने के साथ ही कपिल के चेहरे पर पड़ रहा प्रकाश पुंज पीछे उछला, छोटा हो गेंद में बदला और मार्शल के हाथो से छूट अन्धड़ गति से उस पर आक्रमण कर दिया। कपिल का हवाई बल्ला हवा में घूमा, गेंद में बदला प्रकाश ऊपर उठना शुरू हुआ दूसरे मसख़रे ने कमेंट्री शुरू करके लोगों को प्रकाश के इन्द्रजाल से बाहर निकाला–गेंद को कपिल ने उठा दिया। गरीनेज ने दोनों हाथ हवा में उठा लिए हैं। गेंद उनके हाथों के ऊपर आयी। गरीनेज उछला। लेकिन गेंद उनके दोनों खुले हाथों के बीच से गुज़रकर दर्शकों में जा...। छक्का। सिक्सर। अंपायर ने दोनों हाथ ऊपर उठा दिये हैं।' छत पर खड़े अभिनेता बोले–'छक्का।' पागल भाई बोले–'छक्का, छक्का। गिरधारी भाई ने गेंद बने प्रकाश को वापिस बुलाया और इसे मंच पर बैठे लकवा–लड़के की तरफ़ भेज दिया। क्योंकि छक्के, सिक्सर और आख़िरी गेंद के अन्तराल में जो क्षणिक चुप्पी आयेगी उसमें बीमार लड़के को रोटी शब्द बोलना है।

प्रकाश पुंज उसके चेहरे पर। लम्बे सुनहरे बाल हिले। पीछे खड़ी छोटी ने हटाये और लड़के का चेहरा एकदम पवित्र हो गया क्योंकि वह कायाहीन हो चुका है और उसका अपना कोई जीवन नहीं रहा। गोलाकार रोशनी में उसका चेहरा और पीला पड़ गया और उसने मात्र एक शब्द का संवाद बोला–'रोटी।' और खुली छत सन्नाटे में आ गयी। गिरधारी भाई के मन से गोल रोटी निकली, बिजली बटनों ने लड़के के चेहरे पर पड़ रहे प्रकाश को रोटी में तब्दील किया, लड़के ने पकड़ने के लिए हाथ बढ़ाये और रोटी में बदल चुका गोल प्रकाश धीरे–धीरे पीछे सरकना शुरू

हो गया। उसके हाथों की पहुँच के परे। वह फिर बोला–'रोटी।' डर गयी दीवारों ने कहा, 'रोटी'। छत पर रुक चुकी हवा ने कहा, 'रोटी'। गूँगी लड़की ने दिल में कहा, 'रोटी' और दोनों पागल भाइयों ने कसकर एक–दूसरे का हाथ पकड़ लिया क्योंकि उनके पागल माथे में और कुछ हो न हो, रोटी और भूख शब्द तो हमेशा चौकड़ी मार कर बैठे रहते हैं।

मंच पर बैठे लड़के ने दूर होते गोलाकार प्रकाश की तरफ़ हाथ फैलाये, पकड़ने के लिए। गिरधारी चाचा ने गोल प्रकाश को उसकी पहुँच से परे खींच लिया और लड़का मंच पर लुढ़क गया।

दाढ़ीवाला गुस्से से बोला, 'महेन्द्र! तुझे अभी नहीं गिरना। तू कपिल के आउट होने पर गिरेगा। तब मरेगा।' लेकिन मंच पर गिरा लड़का उठा नहीं। दाढ़ीवाला लगभग पागल हो गया और चीख़ा–'उठो। महेन्द्र उठो।' लड़का फिर भी नहीं उठा। दाढ़ीवाले ने उसकी तरफ़ क़दम उठाया तभी उसके दोस्त अभिनेता ने बताया, 'सर। महेन्द्र ने पिछले तीन दिन से रोटी नहीं खायी। वह शायद बेहोश...।' गिरधारी भाई की उँगलियों से माइक शक्ति छिन गयी और उनका ऐंद्रजालिक संसार खण्ड–खण्ड हो गया। उन्होंने साधारण लाइट जला दी। लड़के के पीछे खड़ी छोटी को याद ही नहीं रहा कि वह दाढ़ीवाले की पत्नी है। महेन्द्र का सिर अपनी गोद में रखकर उसने दाढ़ीवाले को गाली दी, 'तुम कमीने हो। राक्षस हो। इतना डाँटते रहे महेन्द्र को। तुम करवाओगे एक्टिंग लोगों को भूखे रख कर।' और वह ऐसे रोने लगी जैसे सचमुच उसका भाई मर गया हो।

दीवार के साथ खड़ी लड़की अपने पागल भाइयों के पास गयी और लगातार बोलने लगी–'गाँ। गाँ। गाँ।' भाई आतंकित हो गये। क्योंकि पहली बार बहन की अशब्द आवाज़ में उन्हें अर्थ सुनाई दिया। अबोले शब्द का अर्थ। गूँगी ने लगातार दीवार पर हाथ पटकने शुरू कर दिये और वह गूँगी के साथ–साथ पागल भी हो गयी।

दोस्त महेन्द्र के मुँह पर पानी के छींटे मार रहा है। पागल भाइयों ने रोटियों भरा थाल दीवार पर रखा और अपनी–अपनी रोटियों के ढेर को प्लाईवुड के बने मंच पर फेंक दिया। महेन्द्र के आसपास मंच पर जब रोटियाँ गिरीं तो उसने आँखें खोलीं। वह बिल्कुल हैरान हुआ और बैठ गया। पागल बोला, 'खा। खा। खा।' गूँगी ने उठ बैठे महेन्द्र को देखा और ताली बजाकर कहा–'गाँ–गाँ–गाँ'। पागल भाइयों ने भी ताली बजायी

और जो गूँगी कहना चाहती थी उसे शब्दों में कहा–'नहीं मरा। नहीं मरा।' महेन्द्र से फिर कहा–'खा। खा। खा।'

कपिल देव बने मसख़रे ने खुली छत पर बैठकर आउट होने से पहले रोना शुरू कर दिया। दूसरा मसख़रा पहले हैरान हुआ क्योंकि इसे तो मार्शल की आख़िरी गेंद पर आउट होना है तथा रोना भी नहीं। मसख़रा–धर्म है हँसना। और यह भूल गया अपना धर्म। वह मशीन–मानव की तरह चलकर छत पर बैठे मसख़रे के पास पहुँचा। बैठा। और दोनों मसख़रे हाथों से अपना–अपना चेहरा दाँव पर लगाकर रोना शुरू हो गये।

अपाहिज

प्रमोद केसर ठण्डे कमरे से बाहर निकला, बरामदे में घात लगा छिपे बैठे गर्मी के छापामार दस्ते ने हल्ला बोल दिया। आसमान की तरफ़ देखा, जून का सूरज एकटक घूरे जा रहा है, धमकी देती मुद्रा में, 'बरामदे में तो हरावल दस्ता था, बाहर निकल देखो, आग तपी बरछियाँ मेरे अनगिनत हाथों से बरस पड़ने को बिल्कुल तैयार।' न जाने क्यों ठीक उसी क्षण उसे अपने मृत पिता का अन्तिम वाक्य याद आ गया–'जीवन सायेदार पेड़ भी बन जाये तो कड़ी धूप को कभी मत भूलना।' पिता ने शायद छाया–धूप का वाक्य इसलिए बोला था कि ऐसी ही तपती दोपहर को उन्हें घर से बाहर बुलाकर पुलिस ने क़त्ल कर दिया था। लाश के पास एक देसी पिस्तौल रख गये थे ताकि मुक़ाबले में मारे जाने की सनद रहे। यह वह दिन थे जब नक्सलबाड़ी से अन्धड़ उठा और सीधा आन रुका था पंजाब में। चार हज़ार से अधिक युवक ऐसे ही मुक़ाबलों की भेंट चढ़ गये थे। युवक जिन्हें सोचने का चस्का था, कुछ बदल देने का हठ। पिता उनमें एक थे। व्यवस्था को तो सदा अपने वर्तमान को सुरक्षित रखने की चिन्ता रहती है और ऐसे सुरक्षित वर्तमान की बलि चढ़ता है भविष्य। बीस साल पहले लहू के बीज बोये थे व्यवस्था ने और आज काट रही है लहू की फ़सल। उसने सिर उठाकर सूरज की आँखों में आँखें डाल कर देखा और मुक़ाबला करने का निर्णय ले लिया।

ड्राइवर ने डी.सी. साहब को बाहर निकलते देखा तो बरामदे के सामने कार ले आया। पिछला दरवाज़ा खोले खड़ा। उसके कान के पीछे से पसीना कीड़े की तरह रेंग कर खाकी कमीज़ के कालर के पीछे सरक रहा है।

"आप गाड़ी लेकर घर चलो। मैं पैदल आऊँगा।"

ड्राइवर हक्का–बक्का शायद सोच रहा होगा कि डी.सी. साहब और पैदल। ऐसे लोग जिनका अपना कोई कड़ी धूप कभी क़त्ल नहीं हुआ,

हमेशा धूप से डरते हैं। इसे भी पड़ जायेगी आदत थोड़े दिनों में, केसर ने सोचा।

ड्राइवर अब भी पिछले दरवाज़े के पास खड़ा, शायद साहब अपना इरादा बदल लें।

"जाइए।"

उसने पिछला दरवाज़ा बन्द किया। कार के पिछले हिस्से की तरफ़ से होकर अपनी सीट पर बैठा। कार चलाने से पहले कॉलर में सरकते पसीना–कीड़े को मसला और गाड़ी साहब के घर की तरफ़ बढ़ा दी। वह बहुत डरकर कार चला रहा है हालाँकि सड़कें ख़ाली की ख़ाली। इन नये साहब से डर क्यों लगता है। थोड़ी देर सोचा, कारण समझ आया तो और डर गया क्योंकि नये साहब सबको आप कहकर बुलाते हैं, उसे भी, दूसरे चपरासियों को भी। बीस साल की नौकरी हो गयी, ऐसा साहब न देखा न सुना। ऐसे अफ़सर जो मातहतों को आप कहकर पुकारें ज़रूर ख़तरनाक होते हैं। बीस साल के अपमानित अनुभवों ने उसे इस नये अनुभव से भयभीत कर दिया और उसने कार की गति एकदम बढ़ा दी।

प्रमोद केसर उस बदसूरत इतिहास वाले बदसूरत भवन से बाहर आ गया। पिछले दस सालों से अंग्रेज़ों की जूठनवाले लाल–पुताईवाले ऐसे भवनों में वह लगातार काम कर रहा है। उसने कई बार महसूस किया कि लोगों को सत्ता से डराने के लिए ही विदेशी आकाओं ने थानों और कचहरियों के भवनों का रंग लाल रखा था। और देशी आका इस भयभीत कर देनेवाले रंग को हर साल पुताई कराकर मज़बूत बनाये रखे हैं। अमने–व्यवस्था के प्रतीक इन दफ़्तरों का नया नाम गढ़ा–भय भवन। सिर ऊपर उठाया। सूरज की तरफ़ देखा, मुस्काया और घर की तरफ़ पाँव–पाँव चल पड़ा। सूरज ने पहला आक्रमण उसके चश्मे के शीशों पर किया, किरणों की तपती बरछियाँ आग का छोटा–सा हिस्सा वहीं छोड़कर सूरज के हाथों में वापस चली गयीं। उसने चश्मा उतारकर कमीज़ की जेब में रखा और चाल धीमी कर दी।

ऐसी सनसनाती दोपहर में हमेशा पिता और उनके दोस्तों की याद क्यों आती है। पिता की हत्या के दो बरस बाद पाश आया था घर। दो बरस बाद इसलिए कि वह जेल में था। उसे पास बैठाया। माँ की रोती आँखों को देखकर आज भी याद है उसने जो कुछ कहा था–'भरजाई

जी, मास्टर जी मर गये क्योंकि उन्हें जीना आता था। जीण लई मरणां ज़रूरी हुँदा है।' फिर उसे समझाया–'बड़े होकर बड़ा अफ़सर बनना।' उसने ज़ोर से सिर हिलाकर मना कर दिया था क्योंकि पाँचवीं जमात तक पहुँचते–पहुँचते उसे अपने पिता की हत्या के कारण समझ आने लगे थे। पाश ने उसके हाथ को अपने हाथों में मज़बूती से जकड़ा था–'लड़ाई अन्दर रहकर भी ज़ारी रखी जा सकती है। हर पेट के हिस्से की अपनी कटार होती है। क़लम का इस्तेमाल बन्दूक़ की तरह करना सीख ले। और बन्दूक़ का धर्म है ज़ालिमों को मारना। साडे हिस्से दी तलवार साडे हत्थ च रहना ज़रूरी है।' और क़त्ल हो गया पाश भी, उसके पिता की तरह अपने ही लोगों के हाथों। प्रमोद केसर बन गया आई.ए.एस.। साथी अफ़सर भी साथ नहीं क्योंकि उन्हें पता है कि उसकी जेब में हमेशा एक हथगोला होता है, जिसका नाम है–साम्यवाद। आज़ाद हुए बरसों साल बीत चले; विचार अब भी नाजायज़ हथियार है, सत्ता–समाज दोनों के लिए।

सूरज अब ऐन उसके सिर पर आन चढ़ा है। बालों में हाथ फेरा, गीला हो गया। थोड़ी दूर सड़क के किनारे सायेदार पेड़ दिखा और सूरज की इस मूर्खता पर मुस्काया उसने कैसे सोचा कि शायद सीधी लड़ाई होगी। सूरज को युद्ध के दाँव–पेंच सीखने की ज़रूरत ही नहीं, वह ताक़तवर जो ठहरा, अपनी ही शक्ति से पगला गया आदमी। उसके चलते क़दम ठिठके। पेड़ की ओर कोई रेंग रहा है। एक टाँग आधी उठती है। घुटने पर शरीर का भार डालकर इसे पैर की तरह आगे उठा शरीर एक क़दम–भर उछलता है और दूसरी टाँग मरे हुए साँप की तरह सड़क पर लेटी की लेटी, कई जगह से मुड़ी हुई। हाथ उस टाँग को खींच कर आगे करते हैं, घुटना फिर पैर में बदलने की प्रक्रिया...। वह पेड़ की तरफ़ चल पड़ा है। कुछ लोग वहाँ खड़े उस लड़के को लगातार घिसटते देखते हुए। पेड़ के नीचे खड़ी गाय ने भी पूँछ–पंखे से मक्खियाँ उड़ानी बन्द कीं, आँखें पूरी की पूरी खोल कर रेंगते लड़के की तरफ़ देखना शुरू कर दिया–एक अनपूछे प्रश्नवाचक वाक्य की हैरानी के साथ। यह तो पशु नहीं। फिर पशु की तरह हाथों को पैर क्यों बना लिया। लड़का छोटी–छोटी छलाँगें लगा कर पेड़–साये की सीमा तक पहुँचा कि पहुँचा।

अब उसे पेड़ के नीचे खड़े लोगों के चेहरे साफ़ दिखने शुरू हो गये। घिन–गुस्से से पुते चेहरे। यह लड़का ज़रूर पेड़ के नीचे बैठेगा।

लड़के ने सिर उठाकर गाय की तरफ़ देखा, फिर आदमियों की तरफ़। उसे बिल्कुल समझ आ गया कि गाय से कोई डर नहीं। वह लगभग उसकी टाँगों के बीच रुका। मक्खियाँ गाय के शरीर से गोलाकार उड़ीं और लड़के के घुटने और कोहनियों पर बैठ गयीं। लगातार घिसटने से वहाँ ताज़ा ख़ून गन्धा रहा है। उसकी पक्षी–पेट–सी छाती एक धौंकनी में बदल गयी। गाय थोड़ा–सा आगे बढ़ी, पूँछ–पंखे को लड़के के शरीर पर चलाना शुरू किया, मक्खियाँ गोलाकार उठकर लड़के के आसपास उड़ने लगीं, किसी नये आक्रमण–कोण की तलाश में।

पेड़ के नीचे पहुँचकर वह लड़के के पास रुक गया। नीचे खड़े आदमी थोड़ा दूर सरक चुके हैं। लड़का होंठ पर जीभ फेर रहा है लेकिन सूरज तो जीभ की तरावट भी सोख चुका है। किसी हँफ गये पशु की तरह उसकी बाहर लटकी जीभ लगातार हिलना शुरू हो गयी।

"इसके पास मत ठहरो। इधर आ जाओ। कोढ़–वोढ़ लग जायेगा।" एक समझाती आवाज़। उसने आवाज़ के साथ चेहरा जोड़ा। गले को नाख़ूनों से खुजाता एक पढ़ा–लिखा आदमी।

"इसे कोढ़ नहीं। लकवे से एक टाँग मारी गयी है।"

पढ़ी–लिखी आवाज़ खीझ गयी–"तू डॉक्टर है क्या?"

इस शहर में तब्दीली पाँच दिन पहले हुई है, लोग पहचानते नहीं। उसे यह सोचकर गुस्सा आया कि थोड़े दिनों बाद जब लोग पहचान लेंगे तो पैदल चलना बन्द हो जायेगा। उसने खीझी आवाज़ की तरफ़ देखा। गर्दन पर नाख़ूनों का चलना बन्द हो गया।

"अक्ल की बात करने के लिए डॉक्टर होना ज़रूरी नहीं।"

खीझी आवाज़ ने साफ़ देखा कि इस आदमी को गर्मी बिल्कुल नहीं लग रही और उसे डर लगना शुरू हो गया। कामरेड होगा। इन लोगों को गर्मी–सर्दी नहीं लगती। वह आदमी थोड़ा परे सरक गया। गाय का पूँछ–पंखा बन्द हुआ, प्रतीक्षारत मक्खियाँ झट से लड़के की कोहनियों–घुटने पर बैठ गयीं।

"पानी पीना है?" उसने नीचे झुककर लड़के से पूछा। लड़के की आँखों में हाँ लेकिन ज़ोर से गर्दन हिलाकर की न।

यह आदमी जो पानी के लिए पूछ रहा है ज़रूर कोई शत्रु होगा। किसी ढाबे–खोखे से पानी माँगने पर तो लोग दुर–दुर करते हैं– 'पीछे

हट।' पानी देंगे भी तो गिलास उससे बहुत ऊँचा उठाकर। हाथ कटोरों से आधा पानी हमेशा नीचे गिर जाता है।

आसपास कोई दुकान नहीं। लड़के को पानी कहाँ से लाकर पिलाएँ। पेड़ की तरफ़ एक रेढ़ीवाला आ रहा है। गन्ने का रस निकालता है। उस रेढ़ीवाले ने उकाब आँखों से पेड़ के नीचे खड़े लोगों को देखा। कुछ खाते-पीते लगे। ठीक। थोड़े लोग वो रस पीयेंगे ही। आसपास न कोई नलका न दुकान। पानी तो इन्हें मिलेगा नहीं। उसने एक गिलास रस का दाम पचास पैसे बढ़ाने का निर्णय कर लिया। रेढ़ी पेड़ के नीचे खड़ी की। मक्खियाँ लड़के के जिस्म से उड़ीं और गन्नों पर जा बैठीं। उस आदमी ने फटे ढोल की कनफोड़ आवाज़ लगायी-ठण्डा गन्ने का रस। डेढ़ रुपया गिलास। पेड़ की निचली टहनियों पर बैठे पक्षी उड़े और ऊपर वाली टहनियों पर जा बैठे। उसने रस वाले से कहा, "एक गिलास। बर्फ़ डाल देना"। बाक़ी लोग रेढ़ी के पास सरक आये। एक आलोचक आवाज़-"रेट तो एक रुपया है। पचास पैसे टैक्स के हैं क्या?"

रेढ़ी वाले ने उसे देखा, फिर तपे-ताँबे आसमान की तरफ़ देखकर कहा-"गर्मी बाऊजी, गर्मी। आधी बर्फ़ तो रस्ते में ही पानी हो जाती है। बिन बर्फ़ पी लो। एक रुपया।"

उसने लम्बूतरे गिलास में रस डाला, बर्फ़ का चूरा ऊपर फैलाया और गिलास आगे कर दिया-"लो बाऊजी। पी जाओ एक छींक में। कलेजे में ठण्डक पड़ जायेगी।"

वह गिलास पकड़कर नीचे झुका। लेटे लड़के की पीठ के नीचे हाथ रख उसे बैठाया और रस का गिलास उसके हाथों में थमा दिया। रेढ़ीवाले ने झपटकर लड़के से गिलास छीन लिया-"बाऊजी। मेरी रोज़ी पर लात क्यों मारते हो। इस कोढ़ी ने गिलास से पी लिया तो कोई ख़रीदेगा रस।" उसने मज़बूत हाथ से रेढ़ीवाले की कलाई पकड़ ली-"लड़का कोढ़ी नहीं। इसे लकवा है। कुछ नहीं होता। गिलास दो।"

रेढ़ीवाला डरा। आँखें गर्मी से लाल हैं कि गुस्से से। फिर पास खड़े लोगों की तरफ़ याचक निगाहों से देखा। कई आवाज़ों का बेसुरा-बेरहम कोरस उठा, "नहीं। इसी गिलास से दूसरे लोग पीएँगे। कोई बीमारी-वारी लग गयी तो।"

लड़के ने मुँह के आगे हाथों से कटोरी बना ली। उसने गिलास का रस हाथों में डालना शुरू कर दिया। सपक-सपक की आवाज़ों के

साथ रस उसके मुँह में जा रहा है। उसने ख़ाली गिलास रेढ़ीवाले को पकड़ाया। लड़के के सिर पर हाथ फेरा। लड़के की गोलाकार छाती में एक गुबारा फूला। गले की तरफ़ बढ़ा और एक लम्बी चीख़ उसके मुँह को फाड़ कर बाहर निकली। ऊपर की टहनियों पर बैठे परिन्दों ने यह चीख़ सुनी, उडारी भी ली। पेड़ के सिर पर बैठे सूरज ने यह चीख़ सुनी, डर कर आगे सरक गया।

लड़का अब ज़मीन पर लगातार हाथ पटक रहा है और पूरी ताक़त से चीख़–चीख़ कर रोना शुरू कर दिया। पास खड़े लोग सहम गये। वक़्त की मार खायी एक आवाज़, "बेचारे को शायद पहली बार किसी ने प्यार से कुछ दिया। हो सकता है माँ की याद आ गयी हो।"

लड़के का चीख़ना सुबकियों में बदल गया। वह उसके पास नीचे बैठा, "न पुत्तर। रोने की कौन–सी बात है। न। तुझे कोई कुछ नहीं कहेगा। और रस पियोगे?" लड़के को अब विश्वास हो गया कि आदमी जेल नहीं भेजेगा। इस बार सिर नहीं हिलाया, बोला–'न जी।'

तभी तेज़ी के साथ काले रंग की झण्डे वाली कार पेड़ के पास से झन्नाटे के साथ गुज़री। थोड़ा आगे जाकर झटके के साथ रुकी, पीछे आना शुरू हो गयी। पिछली सीट पर पुलिस की वर्दी में बैठा कोई गर्दन मोड़कर पिछले शीशे से पेड़ के नीचे खड़े लोगों की तरफ़ लगातार देख रहा है।

"नये एस.पी. साहब हैं", यह सूचना देने के बाद रेढ़ीवाले ने कपड़े के टुकड़े से गन्नों पर से मक्खियाँ उड़ानी शुरू कर दीं। कार पूरी तरह रुकने से पहले पीछे बैठा आदमी बाहर निकला, दो लम्बे क़दम भरे, उसके सामने पैर ठोके–"सर, आप पैदल। कार ख़राब हो गयी क्या?" पुलिस ड्राइवर ने उसके सामने झटके से सैल्यूट दागा, फिर पीछे हटकर भीड़ के नज़दीक पहुँचकर धीमी सख़्त आवाज़ में कहा–"डी.सी. साहब।" लोग सम्मानजनक दूरी तक पीछे हट गये।

"सन्धू साहब। आपका गनमैन कहाँ है? हालात जानते हुए भी आप बिना गनमैन के चलते हैं। ठीक नहीं।"

सन्धू ने अपने कन्धे थोड़े और फैलाये, हाथ अपने आप मूँछों की तरफ़ बढ़ा, एक शरारती मुस्कान उभरी–"सर। गनमैन तो उसे चाहिए जो मुझे मारने की कोशिश करेगा। मरूंगा तो सिर्फ़ उसी दिन जो सच्चे बादशाह ने लिख रखा है। चलिए। आपको घर छोड़ दूँ।"

"भई सन्धू। आपको सलाह नहीं ऑर्डर देना पड़ेगा" उसने पुलिस ड्राइवर को पास बुलाया–"सुनो। आगे से स्टेनगन पास रखा करो।"

थोड़ी दूर चौक पर तैनात यातायात–सिपाही ने पेड़ के नीचे खड़े एस.पी. साहब को देखा, डी.सी. और भीड़ को देखा और थाने फ़ोन कर दिया। इंस्पेक्टर सज्जन सिंह ने तुरन्त वहाँ पहुँचने के लिए बताया।

"साब, ऐसे कितने ही बच्चे हैं जो बिन मालिक जानवरों की तरह दिन–रात गलियों, सड़कों पर मारे–मारे फिरते हैं। सरकार इनके लिए कोई घर बना दे तो..."

"किस सरकार की बात करते हो। इस देश की सरकारें तो सिर्फ़ अपना घर मज़बूत करने की तोड़–फोड़ में लगी रहती हैं।"

घर। यह शब्द सुनते ही प्रमोद केसर ने निर्णय ले लिया कि शहर में विकलांग बच्चों के लिए घर बनवायेगा। प्रशिक्षण के दिनों में कमिश्नर साहब ने समझाया था–'एक अच्छा अफ़सर बनने के लिए कभी भी तुरन्त निर्णय नहीं लेना चाहिए। अगर एक ही पेशी में आपने लोगों की प्रॉब्लम हल कर दी तो आपको पूछेगा कौन? फ़ाइल बनवाइये। मातहत अफ़सरों को केस रेफर करें। लोगों को चक्कर लगाने दें। देश फ़ाइलों से चलता है।' लोगों का काम झट से करेंगे तो शासन का दबदबा कहाँ रह जायेगा। जब–जब कमिश्नर साहब अपने अनुभवों को शिक्षा में बदलते तो उनके लम्बे कान हमेशा पीछे की ओर खिंच जाते थे और आँखों में एक चौकस चमक। तब–तब पता नहीं क्यों प्रमोद केसर के मन में एक शिकारी कुत्ते की तस्वीर उग जाती थी। पीछे खिंचे कान और आक्रामक आँखें। लेकिन शासन के ऐसे हरामी दाँव–पेंच न उसने तब सीखे न अब।

इंस्पेक्टर सज्जन सिंह की जीप पेड़ के पास रुकी। उसके साथ चार बन्दूक़धारी सिपाही जीप से बाहर कूदे और लोगों के चारों ओर फैल गये। पैर ठोंकने के बाद एस.पी. साहब को सवालिया आँखों से देखे जा रहा है। कोई दंगा हुआ। किसी को पकड़ना है? किसी बदमाश ने किसी औरत को तंग किया?

"कुछ नहीं हुआ सज्जन। इस लड़के को सिविल अस्पताल भिजवा दो। कहना डी.सी. साहब ने भेजा है। मरहम–पट्टी कर दें।"

उसने फिर नीचे झुककर लड़के से पूछा–"काका। क्या नाम है?" लड़के ने थोड़ी देर सोचा, वह नाम बताये जिससे लोग दुतकारते हैं–

लूला अथवा असली। अब तक उसे हौसला हो चुका है कि यह आदमी न लात मारेगा न दुर–दुर करेगा। असली नाम बताया–जगनलाल।

"देखो जगन। हम तुम्हें अस्पताल भेज रहे हैं। रोटी भी वहाँ मिलेगी। तुम वहीं रहोगे। कल मैं देखने आऊँगा। डरोगे तो नहीं।"

यह आदमी ज़रूर बहुत बड़ा है जिसके सामने पुलिस वाले भी डरे खड़े हैं। पुलिस से तो सब डरते हैं। लड़के ने न में सिर हिलाया। एक सिपाही ने रिक्शा रोका। सन्धू ने बलिष्ठ बाँहें नीचे झुकायीं, लड़के को उठाकर रिक्शे में अध–लेटा बिठा दिया।

साइकिल पर सड़क से गुज़रते कुछ लड़कों ने पेड़ के नीचे भीड़ देखी, साइकिलों से उतरे, वहाँ आ गये। एक दाढ़ीवाले लड़के ने इंस्पेक्टर के पास आकर कहा, "नमस्कार चौधरी साहब। क्या मामला हो गया?"

"कुछ नहीं हुआ गजराज सिंह। तुम कहो। कॉलेज में हड़ताल–वड़ताल कब करवा रहे हो।"

"जब से आप आये हो हड़तालें कहाँ। आप जायज़ माँगें तो पहले ही मनवा देते हो।"

"तुम लोगों की लीडरी तो फिर पड़ गयी ख़तरे में।" इंस्पेक्टर ने परिचय कराया कि गजराज सिंह स्टूडेंट–यूनियन का प्रधान है। किसी भी कॉलेज में इसके होते गुंडई नहीं चल सकती।

केसर की तरफ़ सन्धू 'अब चलिए' निगाहों से देख रहा है।

"सन्धू साहब। विकलांग बच्चों के लिए एक घर बनवाना होगा।"

"लेकिन सर। ज़मीन। रुपया। सरकार को आप ग्रांट के लिए लिखेंगे तो शायद..."

"नहीं। सरकार से पैसा नहीं लेना।"

"फिर तो काम मुश्किल है सर।"

"मुश्किल? सन्धू लगता है तुम अपने पंजाब का मुहावरा भूल गये–कहीं भी पहुँचने के लिए घर से पहला क़दम बाहर निकालना पड़ता है।"

"पैसों की फिकर न करें साहब। हो जायेगा। अब आप बता दें कितने।" इंस्पेक्टर की बात सुनकर केसर मुस्काया। उसे पता है थानेदार साहब शहर का वाली–वारिस होता है। छोटा–सा परमात्मा।

"न चौधरी साहब। रुपये इस तरह से जमा नहीं करने। लोग अपनी ख़ुशी से दें तभी। सरकार के रुपयों से बनाये घर बहुत देर नहीं चलते।"

"हम बतायें सर। शहर के लड़के आप जो कहें करने को तैयार हैं। कोई ठीक रास्ता दिखाये तो सही, चलने वाले बहुत हैं।"

"आप लोग हफ़्ते में एक दिन की जेबख़र्ची इस काम के लिए दें।"

"जेबख़र्ची ही क्यों। हम लोग हाथों से काम भी करेंगे। चारों कॉलेजों के प्रधान मेरे साथ हैं", गजराज ने गर्व से बताया।

केसर ने उसका कन्धा दबाया–"तो बन जायेगा घर गजराज सिंह। लेकिन समझ लो। किसानों के लड़कों से बात करना। हाथों से वही काम करेंगे।"

सूरज फिर ताक लगाकर पेड़ के ऊपर खड़ा हो गया। कभी तो लोग साये से बाहर आयेंगे। सन्धू ने इंस्पेक्टर से शाम को मिलने के लिए कहा। प्रमोद केसर को अपनी कार में बैठाया, घर तक छोड़ने के लिए।

केसर का ड्राइवर मैम साहब को बता चुका है कि साहब पैदल आ रहे हैं। घर के बाहर कार रुकने की आवाज़ सुन वह बरामदे में आ गयी। सन्धू को देख मुस्कायी।

"शमशेर। रोटी यहीं खा लो।"

"भरजाई जी। पहले चार–पाँच बीयर पियाओ। भा जी नूं न गर्मी लगे न सर्दी। मेरा तो इतना पसीना बहा कि दो किलो वज़न घट गया होगा।"

"लस्सी पीनी हो तो अन्दर आ जाओ। इस घर में नशे वाली कोई चीज़ नहीं।"

"अच्छा।" शमशेर की मूँछें शरारत से फड़कीं, "तो आपका नशा उतरे तो ही नशे की कोई दूसरी चीज़ घर में रखें।"

"सुन। रोटी खानी है कि मार।"

"रोटी," शमशेर ने बच्चे की अदा से जवाब दिया।

घर में प्रमोद और शमशेर सर, साहब कहकर बातचीत नहीं करते। खाना खाते हुए शमशेर ने दलील पेश की, "भा जी। अच्छा काम करने के लिए थोड़ी–सी भूल–चूक हमेशा माफ़ होती है। सलाह देता ठीक तो नहीं लगता लेकिन इतनी अच्छी नौकरी में आप सीख नहीं पाये कि कभी–कभी आँखें बन्द कर लेनी चाहिए। जैसे सरकार करती हैं। जो चढ़ावा ब्लैकिये और बिज़नेसमैन अपनी मर्ज़ी से एम.एल.ए. और मिनिस्टरों को चढ़ाते हैं, अगर अच्छे काम में लग जाये तो कौन–सा पहाड़ टूट जायेगा।"

प्रमोद को इस कोढ़ी–सत्य का पता है कि जिसकी सीढ़ी पर चढ़ कर सब काम सिद्ध हो जाते हैं। इस शब्द का सही अर्थ तो अब बच्चों

की कहानियों तक सीमित हो गया है। इस देश में अब बच्चे और बेवक़ूफ़ आदमी में कोई ख़ास फ़र्क़ नहीं रहा। लेकिन यह तो उसने आज तक स्वीकारा ही नहीं कि सत्य बहुमत की रखैल है।

"सही जगह पर पहुँचने का सिर्फ़ एक ही रास्ता होता है। सही रास्ता। लोगों को छोटे–मोटे समझौते करने की आदत पड़ गयी है और नतीजा सामने है। मुल्क तो अब नक्शे और नारे में ही एक रह गया है। हरियाणा का गेहूँ कहता है मैं यू.पी. और बिहार क्यों जाऊँ? पंजाब का पानी कहता है मैं हरियाणा क्यों आऊँ। वह दिन दूर नहीं जब एक स्टेट से दूसरी स्टेट में जाने के लिए वीज़ा लेना पड़ेगा। वाह–वाह लूटने के हरामी तरीक़े हमारी सोच को भी हरामी बना चुके हैं।"

"शमशेर। दीवार नाल सिर मारण विच स्वाद आंदा है तैनू? इस अकेले आदमी ने सब कुछ बदल देने का बीड़ा उठाया हुआ है पिछले पन्द्रह सालों से। हो सके तो हाथ बँटाओ। चंगा कम करन लई चंगे तरीक़े ही ठीक ने।" उसकी आवाज़ में शिकायत नहीं, पति के प्रति गर्व है। शमशेर ने फिर छेड़ा, "ठीक। कुछ दिनों के लिए हम भी चंगा बन देखते हैं। वैसे आपको पता तो है न कि हमें ग़लत काम, सिर्फ़ ग़लत काम करने की तनख़्वाह दी जाती है। पुलिस तो अब गन्दे हाथों में इस्तेमाल की चीज़ है, क़ानून की रखवाली नहीं।"

"हम तलवार नहीं, ढाल हैं। सरकार के हाथों में पकड़ी सरकारी ढाल, सिर्फ़ बदमाशों के बचाव का हथियार, हमने पिटना है, सरकार और जनता दोनों से।"

"सच समझ आ जाये तो हमेशा बहुत तकलीफ़ होती है। लेकिन सच क्या शरीर तक सीमित है। नहीं सच न दिखाई देता है न पकड़ में आता है। यह तो दरवेशों से पूछ देखो, भूखे–नंगे, फिर भी आनन्दलोक के वासी। अगर हमारी सोच अपनी है तो उसके लिए हमारी आवाज़ भी अपनी होना ज़रूरी है। लैट्स स्टॉप बीइंग हिज मास्टर्स वायस।"

शमशेर उठा। दोनों उसे दरवाज़े तक छोड़ने आये। वह रुका। अब मूँछें शरारत से बिल्कुल नहीं फड़कीं। "ठीक है भा जी। हो जाये सच की एक छोटी–सी लड़ाई। अरसा हो गया कहीं टक्कर नहीं मारी। कल तक इंस्पेक्टर सज्जन सिंह कोई–न–कोई ख़बर निकाल ही लेगा।"

"इंस्पेक्टर बेचारा क्या करेगा शमशेर।"

"भरजाई जी! पुलिस इंस्पेक्टर सारे शहर की आँख और कान होता है। शहर का रब्ब। तभी तो अपने पंजाब में ज़ोरावर लोगों को थानेदार कहते हैं, डिप्टी कमिश्नर नहीं। और सज्जन। भा जी मानें तो वह बच्चों के लिए घर क्या फाइव स्टार होटल बनवा दे। चंगा। गुरु महाराज ने चाहा तो निकल आयेगा कोई न कोई रास्ता।"

प्रमोद और उसकी पत्नी वहाँ की कपड़ा मिल के मालिक वी.के. सैनी के घर पहुँचे। इंस्पेक्टर सिंह ने ख़बर दी कि मिल के पीछे दो एकड़ ज़मीन है सैनी साहब की दादी के नाम जो वहाँ मन्दिर बनवाना चाहती हैं। और सैनी साहब चाहते हैं कि इसका इस्तेमाल मिल का काम बढ़ाने के लिए किया जाये। अब अगर डी.सी. साहब दादी को मना लें तो...

"अगर सैनी ज़मीन का इस्तेमाल काम बढ़ाने के लिए करना चाहता है तो फिर मिलने का मतलब", उसने थोड़ी खीझी आवाज़ में पूछा था।

"मतलब है सर। कपड़ा मिल में अब रेडीमेड पैंट–कमीज़ें बनाने का काम शुरू हो रहा है। बनी–बनायी पैंट–कमीज़ों को बटन वग़ैरह तो लगते हैं न। सैनी साहब यह काम बच्चों से करवाने को तैयार हैं। जब उनसे बात की कि आप अपाहिज बच्चों के रहने के लिए घर बनाना चाहते हैं तो पाँच लाख दान देने को राजी हो गये। जब बताया कि बच्चे भीख से नहीं पलेंगे तो ज़मीन वाली सलाह उन्होंने दी। बड़े रोशन–ख़याल नौजवान हैं सैनी साहब। अगर आप उनकी दादी को मना लें तो... ।"

पत्नी जानती है कि दादी को मनाने की मुहिम में उसे भी हिस्सा लेना है। सादी–सी सलवार–कमीज़, सिर दुपट्टे से ढंका और हाथों में काँच की चूड़ियाँ। सैनी छरहरे बदन का नौजवान निकला, उनकी सेठ होने की कल्पना के विपरीत। बैठक में किसी तरह का दिखावे वाला फ़ालतू सामान नहीं सिवाय दीवारों पर लगे कुछ चित्रों के। प्रमोद ने बात शुरू की, "सैनी साहब, आप बच्चों का बहुत भला..."

"मैं आपसे छोटा हूँ। इसलिए साहब–साहब मत बुलायें। भला मैं सिर्फ़ बच्चों का नहीं, अपना भी कर रहा हूँ साहब। ज़मीन मिल के साथ लगती है। बच्चों को बटन वग़ैरह लगाने का काम दूँगा तो लड़ाई–झगड़े तो नहीं होंगे यूनियनबाज़ी के।"

"लेकिन जहाँ तक मुझे मालूम है आपकी मिल में हड़ताल पिछले कई सालों से नहीं हुई।"

"जी सर। वर्कर्ज़ जानते हैं हड़ताल करेंगे तो नुक़सान उनका भी होगा। मुनाफ़े में उनका हिस्सा जो है।"

"आपने पढ़ाई कहाँ से की?"

"जी, रूस में। लगभग अस्सी परसेंट कपड़ा वहीं जाता है। उन्हीं लोगों ने सिखाया कि मिलजुल कर बाँट कर खाओ तो कभी लड़ाई नहीं होती। हाँ, यहाँ की पोलिटिकल पार्टियाँ लगता है झगड़ा करवा कर रहेंगी। इतने सुन्दर सपने बेचने पर लगे हैं ये लोग कि सच का क़द हर रोज़ छोटा पड़ता जा रहा है।" तभी दादी बैठक में आयीं। कमर झुकी लेकिन चेहरा दप–दप। कमरे में उग आया छोटा–सा सुबह सूरज। प्रमोद और पत्नी उठे, दोनों ने नीचे झुक दादी के पाँव छुए। दादी ने पत्नी का चेहरा दोनों हथेलियों में पकड़ा, आँखों में खुशी चमकी, "रब्ब ने अपने हाथों से बनाया है। पर तू तो लगती ही नहीं डी.सी. की घरवाली। कहीं से नंगी नहीं।" फिर दादी ने उसकी काँच की चूड़ियों पर हाथ फेरा, "हाँ कोई गल बणीं। एक गहना भी नहीं।" पूछा, "घरवाला कहाँ उड़ा देता है सारी कमाई। जानती नहीं भगवान ने औरत क्यों बनायी? मर्द को खूँटे से बाँध कर रखने के लिए। नहीं तो मारेगा मुँह इधर–उधर। कितने साल हो गये ब्याह को? कितने बच्चे हैं?"

"दादी। कितनी बार कहा इतना न बोला कर। अब यह तेरे किस–किस सवाल का जवाब दें", पोते ने कहा।

"हाँ जी। हम आज के लोगों की तरह घुन्ने नहीं कि गिन कर बोलें। जो दिल में है उसे बताने के लिए ही तो रब्ब ने जीभ दी है। तू काकी इन आज के लिखे–पढ़ों की बातों में कभी मत आना, इन्होंने तो बातों के रस पर भी कर्फ्यू लगा दिया है। अच्छा बता। बच्चे साथ क्यों नहीं लायी।"

"दादी जी, बच्चा तो है नहीं।"

"कितने बरस हो गये शादी को।"

"पूरे दस।"

"हैं! दस साल में तो दस बच्चे हो जाने थे। तू फिकर न कर। अपने हाथ से देशी दवाई बनाकर तुझे खिलाऊँगी। रामजी की किरपा से घर में चन्दरमा आयेगा।, चन्दरमा।"

उसने पति की ओर देखा, शरारती लहजे से दादी को छेड़ा, "दादी। दवाई इनको खिलाना। मैं तो बिल्कुल ठीक हूँ।"

दादी ने एड़ियाँ उठा उसका माथा चूमा, प्रमोद को आँखों में तोला, है तो पेड़ जितना लम्बा और मज़बूत मर्द। "काका जी, आप नूं तो फ़ौज में होना चाहिए था।"

"दादी जी। फ़ौजी तो कभी–कभार दुश्मन से जंग करता है। इनकी लड़ाई तो घर के दुश्मनों से हमेशा ठनी रहती है। पिछले दस सालों में एक साल से ऊपर कहीं भी नहीं रहे। कभी कोई नाराज़ कभी कोई, और हो जाती है बदली", पत्नी ने उदास आवाज़ में जवाब दिया।

"न काकी, उदास नहीं होते। वो मर्द ही क्या जो अपने हक़ और अपने सच के लिए जान लेने–देने को उतारू न हो जाये। मेरे उन्होंने एक बार अंग्रेज़ पुलिस कप्तान को बीच बाज़ार मार–मार कर अधमुआ कर दिया था, हरामी शराब पीकर मुझे छेड़ता था।"

"दादी जी। आप जैसा सोंहणा चेहरा हो तो कोई भी मर्द छेड़ेगा कि नहीं।"

"हट मोईये। अब कहाँ वो दिन। ले गयी उमर अपने साथ सब कुछ। भई काके ने बताया कि उस ज़मीन पर बच्चों का घर बनाना चाहते हैं। मेरी तो प्रतिज्ञा है वहाँ राम जी का घर बनाऊँगी।"

जवाब प्रमोद ने दिया, "ठीक दादी। बिल्कुल ठीक। बेचारे राम जी सदियों से बेघर हैं। सारा देश उन्हें मकान अलाट करने की कोशिश कर रहा है। आप भी ज़रूर करें। एक अयोध्या वाले घर की नींव रखने के लिए लहू की नदियाँ बहा दीं। एक आप बनवा दें। वैसे आपको शायद पता नहीं इस देश में राम जी के अस्सी करोड़ घर हैं।"

"मुझे मूर्ख समझते हो। कहाँ हैं इतने मन्दिर?"

"हर आदमी का शरीर एक छोटा–सा मन्दिर होता है, जिसमें वास करते हैं भगवान। अस्सी करोड़ से ऊपर आबादी है हमारी। फिर हुए कि नहीं इतने मन्दिर। भगवान के घर की नींव लोगों की लाशों पर नहीं रखी जाती। हम पुराने वक़्तों के विदेशी हमलावरों को गालियाँ देते हैं कि मन्दिर तोड़ने के लिए उन्होंने ख़ून की नदियाँ बहा दीं। शायद आनेवाली पीढ़ियाँ देंगी गालियाँ हमें कि मन्दिर बनाने के लिए हमने ख़ून की नदियाँ बहा दीं। ज़रूर बनवाओ मन्दिर दादी, शायद आज के भगवान ख़ूनी घरों में रहना पसन्द करते हैं। यतीम, लँगड़े–लूले बच्चे भूख से मरते हैं तो मरने दो, भगवान जी तो रहेंगे फाइव स्टार घर में।"

"काका। तुझे लूले–लँगड़े बच्चों से इतना प्यार क्यों है।"

"दादी। मेरी क्या औकात? भगवान कृष्ण जी ने भी अपने प्यार से एक कुबड़ी को ठीक कर दिया था। हम तो बस कोशिश कर सकते हैं उनके सिर पर एक साया बनाने की।"

"तुझे तो धर्म की बड़ी बातें आती हैं। पिता ने सिखायी होंगी। क्या करते हैं वो।"

"अब नहीं हैं इस दुनिया में। पूरे हो गये।"

"क्यों? क्या हुआ था?"

"होना क्या था दादी। पुलिस ने क़त्ल कर दिया क्योंकि वह कविता लिखते थे इन भूखे–नंगे लोगों के बारे में।"

दादी ने उसकी भर आयी आँखें देखीं। उठीं। सिर पर हाथ फेरा, "न काका। रोते नहीं। सूरमाओं की मौत पर कभी नहीं रोते। तू ठीक कहता है। भगवान का वास तो शरीर में बसी आत्मा में है। बनवा लो बच्चों का घर उस ज़मीन पर। पर नाम क्या रखना है।"

"दादी आपका क्या नाम है", पत्नी ने पूछा।

"क्यों? फूलवती।"

"तो बस ठीक। हम उस घर का नाम फुलवाड़ी रखेंगे।"

दादी का चेहरा दुगुना चमक गया। उछाही आवाज़ में कहा, "हाँ। हम वहाँ ख़ूब सारे फूल लगवायेंगे। सुन काका। कोई बड़ा मिनिस्टर बुलवाना शुरू करते वक़्त।"

"दादी। आजकल बड़े मिनिस्टर बड़ी कुर्सियों की दौड़ में लगे हैं। हमारी फुलवाड़ी की नींव तो हमारी दादी रखेगी।"

"अच्छा बाबा। रखूँगी। और सुन काका। वो देसी दवाई...।"

"दादी। दवाई इनके लिए बनवाना। मैं तो भली–चंगी हूँ। देख लो ठोक बजाकर।" दादी खिल–खिल गयी, "मरजाणिये, इतने मखौल नहीं करते। नज़र लग जाती है। बना लेने दे मुझे इसके लिए दवाई। यही देखेगा फिर तुझे ठोक बजा कर।"

पत्नी का चेहरा लाल हो गया, दादी ने उसका सिर खींच अपनी छाती से लगा लिया, बहुत बार हाथ फेरा उसकी पीठ पर, प्यार से।

क्योंकि यह शहर इस वर्ष राज्य का नया ज़िला घोषित हुआ था, 26 जनवरी को झण्डा लहराने राज्य के गवर्नर आये। रिटायर्ड जनरल,

बहुत से पत्रकार भी साथ लाये गये, जनसम्पर्क विभाग द्वारा। समारोह के बाद जलपान के वक़्त साथ आयी एक पत्रकार ने राज्यपाल के पास बैठे प्रमोद केसर को शरारती आँखों से देखा, छेड़ती आवाज़ में राज्यपाल से कहा, "सर। आपने नोट किया कि सड़कों पर आज भीख माँगते बच्चे दिखे ही नहीं। लगता है डी.सी. साहब ने सबको एक दिन के लिए पकड़वाकर अन्दर कर दिया।"

रिटायर्ड जनरल की मूँछें फड़कीं, "मैम। यू आर राइट। केसर। क्या सचमुच सब भिखारियों को अन्दर करवा दिया। यू आर केपेबल ऑफ़ एवरीथिंग।"

जवाब शमशेर ने दिया, "नहीं सर। किसी को पकड़ा नहीं गया। इस शहर में भिखारी बच्चे हैं ही नहीं।"

"क्यों? क्या आपका शहर अमेरिका में है, हिन्दुस्तान में नहीं", पत्रकार बोली।

जनरल, डी.सी. साहब ने भिखारी और हैंडीकैप्ड बच्चों के लिए घर बनवाया है। फुलवाड़ी। यहाँ के मिल मालिक ने ज़मीन दी थी। शहर के लोगों और कॉलेज के लड़कों ने मदद की। पाँच कमरे बन गये। इन बच्चों को रेडीमेड कपड़ों पर बटन लगाने का काम मिल वाले देते हैं, अब इस शहर में भीख माँगते बच्चे हैं ही नहीं।" शमशेर ने बताया।

राज्यपाल बनने के बाद भी उनका काम करने का ढंग सैनिकों वाला है। तुरन्त निर्णय लेना। इस इलाक़े के एम.एल.ए. और राज्यमन्त्री चौधरी सूरज प्रकाश की तरफ़ देखा, कहा, "चौधरी साहब। चाय के बाद आपके शहर की फुलवाड़ी देखने चलते हैं। कुल कितने हैंडीकैप्ड बच्चे हैं वहाँ।"

मन्त्री के दिमाग़ में आदतन बहुत से झूठ जन्मे लेकिन उसे मालूम है कि यह सैनिक लोग सिविल में भी वैसे ही काम करते हैं—किसी भी समस्या की जड़ तक पहुँचना। सच बोलना ही ठीक रहेगा, "सर। आप तो जानते हैं सारा राज्य और पार्टी काम में हमेशा लगा रहता हूँ। अभी तक फुलवाड़ी देखने का टाइम नहीं निकाल पाया।"

"ठीक। बिल्कुल ठीक। स्टेट का सारा बोझ तो आपके मज़बूत कन्धों पर है। सुना है आप जल्द ही सेंटर में पहुँचने वाले हैं फिर तो सारे देश का बोझ आपको उठाना होगा। आज तो वक़्त निकालिए हमारी ख़ातिर। साथ चलेंगे न फुलवाड़ी देखने।" जनरल ने धौंस वाली छेड़खानी की।

सूरज प्रकाश की समझ में ज़हर–भरा व्यंग्य तो आ गया, लेकिन करवट बदलने में वह ऊँट से भी माहिर है। गद्गद मुस्कान से जवाब दिया, "सर। हमारे ज़िले के डी.सी. तो दिन–रात काम में लगे रहते हैं। इन्हें पता है कि जो भी अच्छा काम करेंगे मेरी 'हाँ' हमेशा साथ है। हमें इन पर गर्व है। आप एक छोटे अच्छे काम देखने चल रहे हैं यह हमारी ख़ुशक़िस्मती है।"

सूरज प्रकाश कुछ दूसरे लोगों की तरफ़ गया, प्रमोद केसर को पीछे आने का इशारा किया। केसर ने राज्यपाल से आज्ञा ली, मन्त्री के पास पहुँचा। इन कुछ मिनटों में सूरज प्रकाश करवट बदल चुका है, खा जाने वाली आँखों से केसर को घूरा, "क्यों भाई डी.सी. साहब बहादुर। आप गवर्नर के सामने मेरी इज़्ज़त उतारने पर कैसे तुल गये। मेरे इलाक़े में कोई काम हो और मुझे ख़बर तक न हो। मुझे जानते हो न। अपने बारे में सोचो, अपने बारे में।"

"किस–किस बात की ख़बर आपको दें चौधरी साहब। मेरे ख़याल में अपने इलाक़े के ग़लत कामों और ग़लत लोगों के बारे में जानने की ज़रूरत आपको रहती है और यह ज़रूरत पुलिस पूरा कर देती है।"

"उतनी ही बोल जितना अच्छा है। उठा के बिठा दूँगा इलाक़े के काले पानी में। सी.एम. को जानते हैं कि नहीं, मैं कभी धमकी में नहीं आता।" और वह राज्यपाल के पास लौट आया।

शमशेर ने इंस्पेक्टर सज्जन सिंह के कान में कुछ कहा। वह अनदिखा–सा वहाँ से निकला और फुलवाड़ी की तरफ़ जीप बढ़ा दी। उसे बिन बताये मालूम है कि राज्यपाल का स्वागत विकलांग बच्चे करेंगे।

गवर्नर की कारों का कारवाँ फुलवाड़ी की ओर चल पड़ा। अपनी कार में बैठे केसर की आँखों में छोटे–छोटे चित्र दुहरा गये।

ज़मीन के काग़ज़–पत्र पूरे होने के बाद सबसे पहला काम केसर ने यहाँ के कॉलेजों/स्कूलों के प्रिंसिपलों तथा स्टूडेंट यूनियन के प्रधान से मुलाक़ात की। तय हुआ कि इस महीने कॉलेज के एन.एस.सी. के विद्यार्थी फुलवाड़ी में काम करेंगे। चारदीवारी बनाने की बात उठी तो कॉलेज यूनियन के प्रधान गजराज ने सलाह दी कि कँटीली तार लगायी जाये, साथ–साथ पेड़ और बोगनविला की बेलें। एक ही बारिश में बेलें बढ़ जायेंगी। कँटीली तार कहाँ से आयेगी पूछने पर उसने बताया कि सेक्रेटरी करमसिंह के पिता

की शहर में कबाड़ी की सबसे बड़ी दुकान है। फ़ौज वालों से पुराना सामान नीलामी पर ख़रीदते हैं। कँटीली तार के लिए उनसे सहायता माँगी जाये और ईंटों की जगह बोगनविला के सुर्ख सुनहरी फूलों तथा रातोरात क़द उठाते सफ़ेदे के पेड़ों की चारदीवारी कुछ महीनों में ही उग–उठ गयी। जिस काम में डी.सी. की रुचि हो उस काम में बाक़ी सरकारी अफ़सरों की रुचि अपने–आप हो जाती है। नगरपालिका के इंजीनियर ने बताया कि दिल्ली के पास एक फार्म–हाउस में गारे–मिट्टी के कमरे डाले गये हैं, किसी विशेष विधि से। ईंट–घरों से मज़बूत। इस बारे में उसने किसी पत्रिका में लेख पढ़ा था। केसर उसके साथ दिल्ली–बाहर फार्म–हाउस में गया। अपनी आँखों देखा। सीमेंट से मज़बूत गारा और लोगों–लड़कों की मेहनत से डाले गये पाँच–पाँच कमरे और एक रसोई। केसर को विश्वास हो गया किसी भी अच्छे काम में आज भी लोग हिस्सा डालने को तैयार हैं अगर उनको विश्वास हो जाये कि ऐसे काम के पीछे राजनीति की वायदे वाली बरसाती रंडी नहीं। इस फुलवाड़ी परिवार का सबसे पहला सदस्य बना जगन और गृहप्रवेश करवाया दादी फूलवती ने।

अब फुलवाड़ी के कामकाज को सँभालने वाला भी तो चाहिए। दादी ने बताया कि यहाँ के स्कूल के हैडमास्टर दौलतराम शर्मा रिटायर हो चुके हैं। एक ऐसा आदमी जो हमारी पुरानी गुरुकुल शिक्षा–पद्धति का सिर से पाँव तक जीता–जागता प्रमाण है। सम्पूर्ण अध्यापक होने का दण्ड उसे आज की व्यापारी संस्कृति ने तो देना था। बीस साल हैडमास्टरी की। लाखों की ख़रीद हुई, न कमीशन खायी, न खाने दी और रह रहे हैं आज किराये के मकान में जिसे शर्मा जी ईमानदारी का सबूत समझते हैं और बाक़ी अध्यापक मूर्खता का। उन्हें जब केसर ने फुलवाड़ी के बारे में बताया तो कैसे चमक आ गयी चेहरे पर। जैसे बरसों बाद खोया बेटा मिल गया हो। अब फुलवाड़ी में लड़के–लड़कियाँ हैं, कमीज़ों–जैकटों पर बटन लगाने की हथमशीनें हैं, और कमरों के आसपास रंग–बिरंगे फूल, शरारती फूल जो हर वक़्त बिन–वजह मटकते रहते हैं। केसर को इस सत्य का पता तो बहुत पहले से ही था कि कोई अच्छा काम चुपचाप करने में अपना एक आनन्द होता है। इसलिए फुलवाड़ी को लेकर आज तक न तो कोई छाती पीट–पीट कर रोटरी–तरह का हो–हल्ला हुआ और न ही कोई अख़बारी ख़बर। उसकी बीवी प्रतिदिन वहाँ जाती है, इसलिए शहर

की बड़ी बीवियाँ वहाँ जाने में अपना बड़प्पन समझती हैं, लूले–लँगड़े बच्चे देखकर अब उन्हें न तो घिन आती है और न ही वह कुत्ता–भाषा जिसका इस्तेमाल हम स्वयं सीख जाते हैं।

कार ने मोड़ काटा, रुकी, केसर अतीत से वर्तमान में लौट आया। राज्यपाल कार से बाहर निकले, मुँह लगे पत्रकार के साथ। गेट पर जगन फुलवाड़ी के साथियों के साथ हाथों में फूलों के गुच्छे लिए। लड़के–लड़कियों के कपड़े–चेहरे साफ़–सुथरे। और कहीं नहीं उनके चेहरों पर हम दो टाँगों वाले विकलांगों का हीन–दीनभाव। उनके हाथों से फूल–गुच्छे लेते समय जनरल राज्यपाल भी कहीं अन्दर से हिल गये। सबसे पीछे दादी के पैरों की तरफ़ झुके, उसने कन्धे पकड़ उन्हें ऊपर किया, छेड़ा–

"बड़े अरसे बाद इतनी बड़ी मूँछों वाला मर्द देखा। लगता है यहाँ से जाते वक़्त अंग्रेज़ मुल्क की मूँछें भी साथ लेते गये। घरवाली ने कटवाने के लिए नहीं कहा।"

"शुरू–शुरू में नाक चढ़ाती थी। अब आदत पड़ गयी। आपने यह ज़मीन देकर बेघर बच्चों को घरवाला बना दिया। कैसे चमक रहे हैं इनके चेहरे।"

"काम करके खायें तो चेहरों पर अपने–आप चमक आ जाती है। मैं तो यहाँ मन्दिर बनवा रही थी। लेकिन यह केसर है न, आपका डी.सी.। इससे कभी कोई बहस मत करना। बातों का ऐसा घेरा डाला कि मन्दिर की जगह फुलवाड़ी बन गयी"। दादी ने एकदम सफ़ेद खद्दर के कपड़ों में, काले–स्याह रंग वाले आदमी की तरफ़ देखा जो अपने चमचों में घिरा उनकी बातों में तपिश सेंक रहा था, पूछा, "वो कौन है जी।"

"आपके इलाक़े के मिनिस्टर हैं दादी जी", जनरल ने बताया। दादी के चेहरे पर छोटी–सी छलाँग लगा शरारत आ बैठी, फिर से सफ़ेद कपड़ों, काले रंग पर निगाह डाली, "क्यों जी। आदमी है कि चूने में फँसा कव्वा। आप आये तो मिनिस्टर बहादुर भी पहली बार आ गये। हमारी बोली में गवर्नर को लाट साहब ठीक कहते थे।"

जगन अपनी लँगड़ी टाँग से आगे और जनरल के साथ बाक़ी लोग पीछे। पाँचों कमरे देखे। ज़मीन पर ऊँचे ईंट के थड़ों पर लगे बिस्तर देखे, बटन लगाने की मशीनें देखीं। मुँह–लगी पत्रकार जब तस्वीरें खींचने लगी तो मन्त्री गवर्नर के साथ चिपक गये, केसर पीछे खिसक गया। मन्त्री ने जगन को पास बुलाया, जेब से सौ का नोट निकाल उसकी तरफ़ बढ़ाया, "सब लड़के–लड़कियों को हमारी तरफ़ से 26 जनवरी की मिठाई खिलाना।"

जगन के चेहरे पर अपने भूखे–भिखमंगे दिनों के सारे के सारे अपमान उग आये, सौ के नोट को हिकारत से देखा और कहा, "नहीं सर, हमारी फुलवाड़ी में भीख नहीं ली जाती। हमारे गुरु जी ने पहली सीख यही दी है। फिर 26 जनवरी की मिठाई तो दादी जी हमको सवेरे–सवेरे खिला चुकी हैं", मन्त्री का काला चेहरा थोड़ा लाल हुआ, उसने नोट जेब में वापस रखा और मुँह–लगी पत्रकार ने तस्वीर उतार ली। पीछे खड़े केसर की तरफ़ देखा, "सर, आप पास आ जायें न। अख़बार के लिए एक ग्रुप फ़ोटो हो जाये। वैसे इस छोटे–से कैमरे में पता नहीं आप समायेंगे कि नहीं।"

केसर नज़दीक आया, "आप अख़बार में जो चाहें लिखें लेकिन एक विनती है। न आप मेरा फ़ोटो छापें, न मेरे बारे में कुछ कहें।"

"क्यों साहब, अख़बार में छपना गाली कब हो गयी।"

"आप मुझे ग़लत समझीं। अख़बार में छपना गाली नहीं। कोई मामूली–सा अच्छा काम करके वाहवाही लूटना, कैश ऑन करना मेरे लिए गाली है।"

मन्त्री ने हैडमास्टर शर्मा जी से कहा, "ख़ूब पढ़ाई कराते हैं आप इन बच्चों को, अपने से बड़ों का मान तो इस देश में लोग करते ही नहीं, सारा आप मास्टरों की शिक्षा का प्रताप है।"

"मेरी शिक्षा का प्रताप तो आप सामने खड़े हैं। आपको याद नहीं, मुझे तो कल की तरह याद है आप हमारे स्कूल में ही पढ़े थे और आज मन्त्री हैं। हमें मान दूसरों की आँखों में नहीं देखना चाहिए।"

जनरल ने एक लड़की के सिर पर हाथ रख पूछा, "क्या नाम है बेटे।"

"मुझे तो असली नाम याद नहीं। भीख माँगती थी तो सारे लोग 'ए लड़की' कहकर बुलाते थे। गुरु जी ने नया नाम रखा है–पद्मा।"

"अच्छा है। पद्मा बेटे आप टीवी पर सीरियल देखते हैं कि नहीं।"

"फुलवाड़ी में तो टीवी है ही नहीं।" जनरल ने पल भर सोचा, पूछा, "अच्छा। गुरु जी अंग्रेज़ी भी पढ़ाते हैं कि नहीं।"

"पढ़ाते हैं", बहुत–से बच्चों ने गर्व से जवाब दिया।

"जगन, तुम बताओ। गिफ्ट की हिन्दी क्या होगी।"

"उपहार"।

"पद्मा। तुम बताओ। बैगिंग की हिन्दी क्या होगी।"

"भीख माँगना", सब एक साथ बोले।

"वैरी गुड। दादी ने 26 जनवरी की मिठाई खिलायी तो तुम लोगों ने उपहार ले लिया। अब मैं तुम्हारा दादा तुम्हें रंगीन टीवी की गिफ़्ट दे रहा हूँ। शाम तक लग जायेगा। देखना, सारा देश कैसे 26 जनवरी मनाता है", बच्चों ने तालियाँ बजायीं। मन्त्री का रंग कुछ और काला पड़ गया। पद्मा वहाँ से खिसक चुकी थी, लौटी तो हाथ में चाय का गिलास, उनकी तरफ़ किया। उन्होंने सुड़क की आवाज़ से घूँट भरा, बच्चे हँसे, पूछा, "इतनी अच्छी चाय किसने बनायी पद्मा।"

"मैंने। हम सब खाना ख़ुद बनाते हैं। दादी जी ने सिखाया है।"

"केसर। सरकार से कितनी ग्रांट ली फुलवाड़ी के लिए।"

"बिल्कुल नहीं सर। जो घर सरकारी ग्रांट से बनते हैं वह मज़बूत नहीं होते। एक ईंट लगती है तो दो ईंटें उखाड़ ली जाती हैं।"

"राइट, यू आर राइट। द गवर्नमेंट इज़ इटसैल्फ ए ब्लडी बैगर। लेकिन तुम्हारी ट्रांसफर तो आज नहीं कल होगी ही। वट विल हैप्पन टू फुलवाड़ी। वी डोंट हैव मैनी केसरज़ इन अवर स्टेट।"

जवाब मन्त्री ने दिया, "सर। मैं आज शाम को ही मुख्यमन्त्री से बात करूँगा। सरकार चलायेगी अब फुलवाड़ी। एक सीनियर अफ़सर को यहाँ का एडमिनिस्ट्रेटर लगाने की सिफारिश करूँगा। "गवर्नर ने केसर की तरफ़ देखकर कहा, "बट गवर्नमेंट्स कम एंड गो।"

"सर। मैं सोचता हूँ एक ट्रस्ट बना दें। हैडमास्टर साहब अगर चेयरमैन हों तो फुलवाड़ी के फूल कभी नहीं सूखेंगे। चाहे कोई भी सरकार जाये और कोई भी सरकार आये। अगर आप कुछ इस बारे में मदद..." केसर ने कहा।

"मैं क्या मदद कर सकता हूँ। ए ब्लडी डैकोरेशन पीस, गुलदस्ता। अपनी रिकोमैंडेशन भेजो। लैट्स सी!" वह खड़े हो गये, मूँछें काँपीं, पता नहीं ग़ुस्से से अथवा अपने निहत्थे होने से।

फुलवाड़ी निवासी उनके साथ चल रहे हैं, दादी, केसर और शमशेर को बहुत–बहुत अच्छा लगा कि एक साल के छोटे–से अरसे में बच्चों में इतना आत्मविश्वास आ गया कि उनकी आँखों में कहीं भी दया की भीख माँगने वाला भाव नहीं रहा। लेकिन जो अच्छा है वह सबको सुहाता है। मन्त्री सूरज प्रकाश ने केसर को इशारे से अपने–पास बुलाया, ज़हरीली आवाज़ में धमकाया, "क्यों भाई डी.सी., हमारी सरकार का खाये और हमीं पर बौराये।

बाँध रख बोरिया–बिस्तर। अपने हाथ से तेरे ट्रांसफ़र–ऑर्डर न लाऊँ तो चौधरी सूरज प्रकाश नहीं," मन्त्री हैरान। धमकी सुनकर भी डरा नहीं डी.सी.। केसर ने उसकी हैरानी दूर की, "चौधरी साहब। आप पहले मन्त्री नहीं जो मेरी ट्रांसफ़र करवायेंगे। दस बार तबादला किया जा चुका है।" वह वापस शमशेर के पास आया। उसने पूछा, "भौंका?"

"हाँ। ज़ोर से भौंका।"

"कुत्ता भौंके तो ठोकर मारते हैं।"

"कुछ और बात करो। डोंट ट्राई टू फाइट बैक सच लिटिल मैन। दुख भी होगा, ख़ुद पर शर्म भी आयेगी।"

कार में बैठते हुए जनरल साहब ने लोक–सम्पर्क निदेशक को आदेश दिया, "शर्मा जी, कभी इन बच्चों को अपने डिपार्टमेंट की बस में चण्डीगढ़ दिखा दें।"

"येस योअर हाईनैस। अगले संडे यूअर हाईनैस।"

शाम को फुलवाड़ी में रंगीन टीवी लग गयी और दूसरे दिन इस इलाक़े के अख़बारों में, हिन्दी, पंजाबी, अंग्रेज़ी में मुँह–लगी पत्रकार का रूप–लेख छपा। सौ का नोट अपमानित चेहरे से जेब में वापिस रखते मन्त्री के अपमानित चेहरे के साथ–डोंट गिव दैम रुपीज़, गिव दैम लव।" पंजाबी अख़बार ने अपनी भाषा के तेवर दिखाये–"थू तुहाड़े रुपये ते, पैसे नहीं, प्यार दयो इन्हाँ नूँ।"

जलती पर घी डाल दिया इस फीचर ने। केसर ने अभी ट्रस्ट बनाने का केस तैयार भी नहीं किया कि तीसरे दिन सूरज प्रकाश के पी.ए. का फ़ोन आ गया, मन्त्री महोदय शाम को आयेंगे, सरकारी मीटिंग के लिए। केसर ने कहा कि शाम को फुलवाड़ी में होगा।

सर्दियों की कोसी धूप में एक टाँग अथवा एक हाथ वाले खेलते लड़के–लड़कियाँ। फूल बेलें भी उनके साथ मटक रही हैं, मन्त्री की कार अन्दर आयी। स्टेनगन लिए पहले सुरक्षा गार्ड उतरे, चारों तरफ़ ऐसे देखा जैसे शत्रु देश में आ गये हों। बच्चे सहमे। पद्मा ने गेंद उठा पीठ पीछे कर ली। ऐसे लोग जब भी आते हैं कुछ छीन ले जाते हैं। केसर और शमशेर बाहर आये। बावर्दी शमशेर ने सूरज प्रकाश को सैल्यूट किया। न मन्त्री मुस्काया, न जवाब में सिर हिलाया। केसर उसे अन्दर ले गया। सुरक्षा गार्ड के सिपाहियों ने शमशेर को सैल्यूट किया। एक गार्ड के

कुछ मोटे हो गये पेट को छू कर शमशेर ने छेड़ा, "सुन जगबीरे। मन्त्री के साथ ड्यूटी देने का यह मतलब नहीं कि हराम का खाते जाओ, खाते जाओ। अपना पेट अन्दर कर ले। जानता है न, मोटे पेट वालों की प्रमोशन की सिफ़ारिश मैं नहीं करता।" बाक़ी सिपाही हँसे। एक ने कहा, "एस.पी. साहब कभी किसी मातहत का नाम नहीं भूलते।" जवाब शमशेर ने दिया, "राज सिंह, मैं कभी कुछ नहीं भूलता। न अच्छा न बुरा।" वह कमरे के अन्दर आया। चौधरी सूरज प्रकाश केसर की तरफ़ एक काग़ज़ बढ़ाकर कह रहा था, "यह रहा तेरा ट्रांसफ़र–ऑर्डर। बना ले ट्रस्ट। अब फुलवाड़ी सरकार चलायेगी।"

केसर को पहली बार मर चुके चाचा पाश पर गुस्सा आया। क्यों सलाह दी थी आई.एस.एस. करने की। काश क़लम की जगह ए.के. 47 होती आज हाथ में। शमशेर जानता है केसर भा जी कुछ नहीं बोलेंगे। दूसरे जिले में जायेंगे। कोई अगली मुहिम चलायेंगे। बोला वही, "वचन के बड़े पक्के निकले चौधरी साहब।"

"सरदार जी, आप न बोलो बीच में।" शमशेर सिंह की आँखों में सारे जिस्म का सारा ख़ून उतर आया, "तुझे पता नहीं सिखों को सरदार जी नहीं, सरदार साहब कहते हैं। याद है कि नहीं, हमारी क़ौम अगर अच्छा नहीं भूलती तो बुरा काम भी नहीं भूलती..."

"सरदार साहब, यह पंजाब नहीं कि आप... ।"

"आपकी किरपा रही तो सारा देश बन जायेगा पंजाब बहुत जल्दी। जानता है तू दो बार चुनाव क्यों जीता। क्योंकि यह रिज़र्व्ड कांस्टीट्यूएंसी है। चुनाव जीतते ही अपनी जात भूल कर चौधरी बन गया। दस साल पहले क्लर्क थे। आज तेरा पाँच सौ एकड़ का फार्म है। भतीजों के नाम शराब के ठेके हैं। बोल दे उन्हें दस बजे ठेके बन्द कर दिया करें। जिस ज़िले में शमशेर सिंह हो, न तो दस बजे के बाद शराब बिक सकती है और न ही ढाबों पर दस बजे के बाद कोई शराब पी सकता है।" सूरज साहब का रंग बदलने से क्या हो गया, "एस.पी. साहब... ।"

"मत टोको बीच में। यह जो गार्ड तेरे साथ हैं, मेरे महकमे के हैं, कोई भी किसी दिन तुझे गोली मार देगा और यश मिलेगा तेरे बाद आतंकवादियों को। और पता है पुलिस की ताक़त। एक बार भगवान की फ़ाइलें खुल जायें तो बन्द नहीं होतीं। किस भगवान ने बनाया है तुम्हें। लूले–लँगड़े

बच्चों से बदला लोगे और तुम। वाहेगुरु की सौंह। तेरा नाम दर्ज हो गया मेरी लिस्ट में, आज से खुल गयी तेरी फाइल।"

"शमशेर, तमीज़ से बात करो", केसर ने डाँटा। "चौधरी सूरज प्रकाश यूँ ही मन्त्री नहीं बन जाते, चाहे किसी भी पार्टी की सरकार आये।"

एकदम पैंतरा बदला, "सरदार साहब, अफ़सोस है आप मेरी बात को ग़लत समझे। मैं तो चाहता था फुलवाड़ी सरकार चलाये ताकि हमेशा के लिए बच्चों की रोटी का इन्तज़ाम हो जाये। आप ट्रस्ट बनाना चाहते हैं, ज़रूर बनायें। मैं ख़ुद मुख्यमन्त्री से सिफ़ारिश करूँगा",उसने मेज़ पर रखे केसर के ट्राँसफ़र–ऑर्डर का कागज़ उठाया, जेब में डाला और कमरे से बाहर आ गया। केसर और शमशेर उसके साथ बाहर निकले।

विकलांग बच्चे भाग–भाग कर गेंद पकड़ रहे हैं और दो टाँगों वाला आदमी अपनी कार की तरफ़ इस मुर्दा चाल से चल रहा है जैसे अपाहिज हो, बिल्कुल अपाहिज।

आशंका

नवीन अपने घर को हमेशा 'मकान' कहता है। बहुत बड़ा, वह नहीं, उसका मकान। सात खिड़कियाँ, छोटे दरवाज़े जितनी बड़ी। घर की दीवारों से, छत से, फ़र्श से एक गर्माइश निकलती है, गर्मजोशी के सम्बन्धों वाला सेंक। 'मकान' सदा अपरिचित बना रहेगा, प्रतिदिन की मुलाक़ातों के बावजूद, हमारे और दूसरों के बीच कोई पुल बन जायेगा यह न ज़रूरी है न सम्भव। घर से तो एक मौन–संवाद जारी रहेगा। उसका टूटना, हमारा टूटना बन जायेगा। लेकिन हमारे और मकान के बीच हमेशा एक मौन व्याप्त रहेगा, किसी से परिचित होते हुए भी एक विशेष प्रकार की दूरी। इतना बड़ा घर उसका अपना है, पुश्तैनी होते हुए भी कहीं कुछ तुड़वाया–जुड़वाया, लेकिन उसके लिए यह घर सदा मकान ही रहा है। तब भी जब पिता जीवित थे और अब भी, जबकि पिता को मरे हुए कई वर्ष हो चुके हैं।

सुबह के दस तो बज चुके होंगे लेकिन अभी भी अध–अँधेरा क्योंकि आजकल सूरज इस क्षेत्र से रूठा रहता है। घड़ी ने तो दिन चढ़ा दिया लेकिन मुरझाया आकाश, मैली धूप और इन दोनों के पीछे लगी गुरिल्ला हवा रात को लम्बा कर रही है। मकान इस समय बिल्कुल खाली–पत्नी कचहरी में और बेटी अपने काम पर। लेकिन दरवाज़े, खिड़कियाँ, दीवारें अथवा मकान का कोई भी हिस्सा उससे बातचीत नहीं कर रहा, हमेशा की तरह एक रूठी हुई चुप्पी के सम्बन्ध।

वह फ़ैक्टरी जाये अथवा मोटरसाइकिल पर लम्बे ड्राइव के लिए निकले? फ़ैक्टरी जाने, न जाने से क्या फ़र्क़ पड़ेगा? कुछ नहीं। सारा कामकाज तो मैनेजर ने सँभाल रखा है। दोपहर को बैंक बन्द होने से पहले पहुँच जाये तो चलेगा–कुछ चेक ही तो साइन करने होंगे।

रोशनी की मटमैली लकीर बैठक में आ लेटी है, यह अन्दर कैसे आ गयी! रात हवा ने ज़रूर—पर ज़रूर बोगनविला बेलों से छेड़छाड़ की होगी। बेलें छिदरीं और ठण्डी से डर—दुबक कर रोशनी अन्दर आ गयी। मकान में सात खिड़कियाँ हैं लेकिन किसी पर कपड़े का पर्दा नहीं। बेलों के पर्दे बाहर की तरफ़ चढ़े हैं, आधे सुर्ख़ फूलों वाले और आधे सुनहरी फूलों वाले। बेलों के पर्दे बनने में तीन साल से ऊपर लग गये थे। टहनियों को खिड़कियों की जाली में महीन तारों से बाँधना, इन्हें काटना और सही कोण पर बढ़ने के लिए बिठाना।

वह बैठक से बाहर आया। हवा से छिदरा गयी बेलों को अपनी सही जगह पर वापिस लाया, पतली तार से बाँधने के बाद बैठक में लौटा। मैली धूप की मोटी लकीर बाहर निकल गयी। गुरिल्ला हवा ने बेलों पर छोटे—छोटे आक्रमण किये लेकिन इस बार मज़बूत किलेबन्दी न हिला सकी, न तोड़ सकी। हवा मुँह लटकाकर ऊपर उठ—उड़ गयी और ताक़त समेटकर लौटेगी, फिर आक्रमण करेगी। पता नहीं पेड़—पौधों, फूलों—बेलों से हवा का जन्म—जन्म का बैर क्यों चल रहा है।

खट। फिर टक की आवाज़ का छोटा—सा टुकड़ा उसने सुना। किसी ने लोहे का गेट खोला होगा। नहीं इस समय तो किसी के भी आने का मतलब नहीं। उसने अपने कान अपनी हथेलियों से मले। बचपन से ही उसे बिन—कारण आवाज़ें सुनाई देती रहती हैं। कई बार रात को अचानक जाग पड़ता था। माँ से कहता था कि कोई आया है। मैंने पैरों की आहटें सुनी हैं। माँ उसके कानों को हथेलियों से रगड़ती और समझाती कि बेआवाज़ कोई नहीं होता। तुम्हारे कान बजते हैं। जब भी आवाज़ें सुनो, कानों को हथेलियों में मल लिया करो। माँ की बात को सुनकर पहले वह हैरान होता, माँ मूर्ख है। कान कोई ढोल थोड़े ही हैं कि बजेंगे। लेकिन उस मूर्ख माँ की बात ठीक थी। अब भी जब मलता है तो बजने बन्द हो जाते हैं। उसने अपनी मृत माँ को मीठी झिड़की दी—सिल्ली वोमेन।

बरामदे में क़दमों की आवाज़। तो सचमुच कोई है, कान मलने से आज कुछ न होगा। लेकिन इतने सवेरे तो किसी का भी आना तय नहीं हुआ, ज़रूर निम्मी होगी। वह दिल ही दिल में हँसा, निम्मी से बोला अपना वाक्य याद आ गया—निम्मी और मौत हमेशा वक़्त तय किये बिना आती हैं। लेकिन इतनी जल्दी कैसे आ गयी? छुट्टी हो गयी। हो सकता

है हाज़िरी लगाकर आ गयी हो। जैसे अक्सर अन्धे लोगों में महसूस करने की इन्द्रियातीत क्षमता होती है, नवीन में भी है। जान–पहचान वालों के क़दमों की आहट से उनके चेहरे और नाम जोड़ लेता है। पत्नी को अपनी इस क्षमता के बारे में एक बार बताया तो उसने व्यंग्यपूर्ण मुस्कान में जवाब दिया था–'हाँ। कुछ आँखों वाले अन्धों में भी यह एक्स्ट्रा सेंसरी परसेप्शंस होती हैं।' उसकी पत्नी प्रतिदिन की साधारण बातचीत में अंग्रेज़ी शब्दों का बहुत इस्तेमाल करती है। ऐसा नहीं कि वह भारतीय नहीं। लेकिन हिन्दी के बजाय अंग्रेज़ी बोलना उसे सहज लगता है। नवीन की तरह वह भी हरामी संस्कारों में जन्मी–पली है और फिर कोर्ट में प्रतिदिन के कामकाज में अंग्रेज़ी का प्रयोग ही होता है।

नवीन ने हमेशा की तरह निम्मी के दस्तक देने से पहले ही दरवाज़ा खोल दिया। एक बार उसने पूछा था, "कैसे पता चल जाता है कि मैं आयी हूँ?" उसने बताया कि जैसे रिकॉर्ड पर शब्द ख़ुदे होते हैं, हमेशा वही आवाज़ और वही शब्द, वैसे ही निम्मी के पैरों की आवाज़ें, आहटें उसके मन पर ख़ुद गयी हैं। ऐसे अजीब जवाब सुनकर निम्मी हमेशा अपनी थोड़ी–सी मोटी नाक सिकोड़ लेती, आँखों में बनावटी गुस्सा भरकर कहती–कभी तो सीधी बात का सीधा जवाब होता। निम्मी की आयु में हर कोई सोचता है कि किसी भी बात का सीधा जवाब ही होगा। पच्चीस वर्ष की उमर तक हम एक सुखद–मूर्खता का जीवन जीते हैं, एक हवादार और चमकीली रोशनी से भरे हुए कमरे का जीवन। तब तक हम अँधेरे कमरों से अपरिचित जो होते हैं और फिर निम्मी ने तो अभी केवल तेईस वर्ष लम्बी दूरी तय की है।

उसने दरवाज़ा खोला, दोनों एक–दूसरे के सामने खड़े के खड़े। कुछ लोगों से चाहे हम कई बार मिल चुके हों लेकिन प्रत्येक मुलाक़ात नयी और पहली मुलाक़ात ही लगेगी, परिचय और अपरिचय के बीच के फ़ासले में खड़े हम। उसे पहले से ही मालूम है कि मिलन–मुस्कान पहले निम्मी की आँखों में जन्मेगी, नीचे तैरेगी–उसकी थोड़ी–सी मोटी नाक से फिसलकर होंठों पर आ बैठेगी। उड़ान भरने लगे परिन्दों की तरह दोनों की बाँहें एक साथ खुलीं, फिर दोनों के डैने साथ–साथ जुड़ गये। निम्मी छिटककर पीछे हुई, नाक सिकोड़ी, उसे देखा, गर्माइश पैदा करने के लिए अपनी हथेलियाँ रगड़ीं और उसे छूकर कहा, "उतारो यह चमड़े का

कोट।" उसने कोट उतार कर फिर से परिन्दे की बाँहें फैलायी। वह बाँहों के बीच आयी, फिर से पीछे छिटकी, नाक सिकोड़ी, उसे घूरा, "नहीं यह स्वेटर भी उतारो पहले।" वह थोड़ा–सा हैरान हुआ कि इतनी जल्दी भी क्या हुई कि खड़े–खड़े कपड़े उतरवाये जायें। लेकिन इस लड़की से तो बहस का मतलब ही नहीं। स्वेटर उतारकर फिर से बाँहें फैला दीं। निम्मी की ठण्डी नाक अब उसके गर्म गले से छू गयी।

"नवीन, हिलना बिल्कुल नहीं। थोड़ी देर ऐसे ही खड़े रहो, मैं ज़रा अपनी नाक गर्म कर लूँ।" उसने धीरे–धीरे गला हिलाया, उसकी नाक के सिरे को गर्म करने के लिए।

"सिर्फ़ नाक ही गर्म होनी थी तो इतनी सर्दी में मेरे आधे कपड़े क्यों उतरवा दिये," उसने निम्मी का कर्णफूल आँखों से छूकर पूछा।

"डोंट बी सिल्ली ओल्डमैन। कपड़े इसलिए उतरवाये कि इनसे पेट्रोल की बू आ रही थी। ड्राइक्लीन करवाये हैं न, तो पहले थोड़ी देर धूप में डाला करो ताकि गन्ध उड़ जाये।"

निम्मी ने उसे हाथ से छोटा–सा धक्का देकर पीछे किया, सिर से पैर तक देखा, फिर छेड़ा, आज बहुत हैंडसम लग रहे हो। अच्छा। पहले कोट–वोट डाल लो। ठण्ड लग गयी तो पाँच दिन मुझे गालियाँ देते रहोगे। और फिर तुम्हारी उम्र में ठण्ड ज़रा जल्दी लग जाती है।

वह कोट डालने के लिए अन्दर वाले कमरे में गया। उम्र वाली बात उसे बिल्कुल बुरी नहीं लगी क्योंकि उसे पता है कि जिस दिन निम्मी ख़ुश हो, उस दिन छेड़ेगी। बार–बार उम्र वाली बात बीच में लायेगी। निम्मी के पास उसे छेड़ने के दो हथियार हैं–एक, बहुत हैंडसम हो, दो, पैंतालीस साल का किशोर, टीन–एजर। नवीन की नाक पतली और तीख़ी, किसी मांसभक्षी परिन्दे की नाक की तरह अन्दर मुड़ी हुई। इसकी तुलना में निम्मी को अपनी ठीक–ठाक नाक मोटी लगती है। इसलिए नवीन के पास निम्मी को छेड़ने के लिए उसकी नाक है, जो दरअसल मोटी नहीं।

उसने मैरून कोट डाला, वापिस आया तो निम्मी ने अपने हाथ उसकी तरफ़ बढ़ाकर कहा, "अब इन्हें गर्म करो।" उसने निम्मी के हाथों को अपने हाथों में लपेट लिया।

"तुमने पूछा नहीं मैं आज इतनी सवेरे कैसे आ गयी?" उसने बिन बोले आँखों से पूछा कि 'बताओ।'

"आज कॉलेज कमेटी का चेयरमैन मर गया। छुट्टी।" निम्मी ने उसके हाथों से अपने हाथ खींचे, एक ताली बजायी। उसकी ओर दृष्टि बाँधकर देखना शुरू कर दिया। सुबह के दस बज चुके होंगे, कमरा अभी भी अध–अँधेरा। हाँ, निम्मी की आँखों की रोशनी की तपिश उसने अपने चेहरे पर महसूस की। वे दोनों मूक वार्तालाप कर लेते हैं। निम्मी मौन–माध्यम से उसकी बातें समझ लेती है। निम्मी को बिना बोले प्रश्न पूछना नहीं आता, "ज़रा लाइट जलाओ। तुम्हारा चेहरा अभी तक ठीक से नहीं दिखा।" उसने लाइट जला दी। अब दोनों के बीच गर्माइश, एक–दूसरे के होने की गर्माइश, तैरना शुरू हो गयी।

"प्लीज़ नवीन। तुम मुझे मत देखो। आँखें बन्द कर लो।" अब निम्मी का चेहरा टच–मी–नॉट, छुई–मुई हो गया है।

वह आँखें बन्द कर लेने के बावजूद भी देख लेता है कि निम्मी अब... अब उसके क़रीब, बिल्कुल क़रीब खड़ी है। उसके होंठ थोड़ा–सा खुल गये क्योंकि गर्म साँस उसने अपने गले पर साफ़ महसूस की। उसकी हुक्ड–नोज़ पर छुअन हुई लेकिन बावजूद प्रतीक्षा के होंठों पर गर्माइश नहीं आ बैठी।

"आँखें खोल लो हैंडसम। बहुत लालची नहीं बना करते।"

निम्मी अपना सिर थोड़ा–सा ऊपर उठाकर उसे देख रही है। आँखों से मुस्कान का छोटा–सा छींटा नीचे फिसलना शुरू हो गया। वह नहीं जानती कि जब मुस्काना शुरू करती है तो एक आँख दूसरी आँख से थोड़ी छोटी हो जाती है। उसका लगभग सफ़ेद चेहरा एक दमकती आभा में नहा–नहा जाता है। उसने एक आँख छोटी हो जाने वाली बात आज तक निम्मी को नहीं बतायी। सारी बातें हम अपनों को भी नहीं बताते, कोई तो रहस्यपूर्ण सुख केवल अपने लिए होना चाहिए।

"जानते हो मैंने अभी–अभी तुम्हें लालची कहा और तुम चुप रहे। तो फिर ठीक कहा है न।" इस आयु में ठीक बात कहना हमें एक मूर्ख आश्वस्ति देता है, इस बात का पता हमें बाद में और देर से चलता है कि आश्वस्त हो लेने का धोखा एक झूठा सुख है, बिल्कुल झूठा।

उसने बिन बोले निम्मी को बताया कि वह ठीक कहती है। प्रेम हमें लालची, बेहद लालची बना देता है। एक–एक गर्म क्षण को हम झपट लेंगे और झट से आत्मा की तिजोरी में रखकर ताला बन्द कर लेते हैं।

जाने कब यह गर्म क्षण छू से उड़ जाये और आत्मा ख़ाली हो जाये। और यह आत्मा की तिजोरी एक तलहीन कुआँ है जो कभी नहीं भरता, इसमें सुख हमेशा चौकड़ी मार कर बैठा रहता है। आत्मा हर बार ख़ाली होगी, फिर से अन्तहीन और सीमाहीन रेगिस्तान को लाँघने की यात्रा जो कभी पूरी नहीं होती। रेत में जी रहे आदमी के लिए पानी की एक बूँद भी समुद्र होती है।

"कुछ माँगूँ! अपना दहकता रंग थोड़ा–सा मुझे दे दो। मैं भी इतरा लूँ।" वह आज लगातार छोटी–छोटी छेड़छाड़ क्यों कर रही है। जो मुलाक़ातें हँसी से शुरू होती हैं उनका अन्त अक्सर उदास होता है।

दहकते चेहरे के अंगारों वाली बात जब निम्मी करती है तो उसे अच्छा नहीं लगता, लेकिन वह रोकता नहीं। अब तक यह सीख–समझ चुका है कि जो हमें अच्छा न लगे, जो अपने हैं, बार–बार वही करेंगे। अब इस सुर्ख़ रंग का सच क्या है, निम्मी को तो बताना वही है जिसे हम प्यार करते हों, उससे हमेशा कुछ–न–कुछ छिपा कर रखेंगे। यह छुपाव, छोटे–छोटे रहस्य, हमें अलग होने के सुबूत देते हैं। "बस। सिर्फ़ चेहरे का रंग। तुम मुझे सारा का सारा ले लो न।" यह बात सुनते ही निम्मी के चेहरे पर गुस्से की, हारे हुए गुस्से की चिनगारियाँ छिटक गयीं। इस उम्र में गुस्सा और ख़ुशी हाथ पकड़े साथ–साथ रहते हैं क्योंकि हमें केवल अपने सही होने का, सदैव ठीक होने का पक्का विश्वास होता है, बाहर की चीज़ें और दूसरे लोग हमारे सन्दर्भ नहीं होते, जीवन के केन्द्र–बिन्दु सिर्फ़ हम होते हैं।

जब निम्मी को गुस्सा आये तो उसका सारा शरीर उसकी आँखों में सरक आता है। गले की अतिरिक्त उभरी हुई हड्डी और उभर आयी, अब हाँफकर लगातार फड़कती हुई। उसने अपने नोज़–पिन को छोटी–सी उँगली से घुमाया। गुस्से में भी उसकी एक आँख दूसरी आँख से छोटी हो गयी। उसके इस शालीन और बेबस क्रोध के कारण वह उसे 'रजिया सुल्तान' कहकर छेड़ता है–प्यार और गुस्से के बीच जी रही औरत।

"तुम मुझे सारे के सारे मिल सकते हो। है साहस मुझे लेने का? मैं तो पिछले चार साल से तैयार हूँ। साहस न हो तो इस तरह के कमीने मज़ाक़ नहीं करते।" हाँ। यह बात तो निम्मी को नहीं कहनी चाहिए थी। जो कुछ अप्राप्य हो उसकी याद दिलाना तो दूसरे पर जुल्म ढाना है न।

"चाय बनाऊँ? ठण्ड है। ओ नवीन! तुम कितने हैल्पलेस हो, कितने असहाय! तुम सिर्फ़ बात बदल सकते हो, ज़िंदगी नहीं।"

ठीक कहा है। अगर वह अपनी आत्मकथा लिखे तो मात्र एक शब्द की होगी–हैल्पलेस, असहाय। उसे आज तक यह बात समझ नहीं आयी कि जिनके पास सब कुछ होता है वे क्योंकर असहाय होते हैं। लेकिन पता नहीं उसे आज तक यह छोटा–सा सच समझ क्यों नहीं आया कि सब कुछ होना हमें हमेशा निहत्था बना देता है। जब किसी भी एक चीज़ की कमी होगी तभी तो जीवन–शक्ति होगी। लगभग पैंतालीस वर्ष लम्बी यात्रा में उसके पास हमेशा सब कुछ रहा है–अच्छे और अमीर माँ–बाप, अच्छे स्कूल, अच्छी–बहुत अच्छी सेहत, शरीर किसी धावक–सा, कहीं एक इंच भी फ़ालतू मांस नहीं। और चेहरा! हाँ, उसका चेहरा ही उसका सबसे बड़ा शत्रु है, एक चक्रव्यूह जो हमेशा उसका घिराव करा देता है। उसने इस अपने चेहरे का नाम रखा है–मॉर्बिड, दूषित–आकर्षण वाला चेहरा। नाक और माथा उसे अपने राय बहादुर बाप से मिली है, और मांस–गन्ध सूँघती टेढ़ी चोंच–जैसी नाक भी बाप पर गयी है। उसके माथे पर, जब वह बोले तो अनगिनत लकीरों की वजह से 'एटलेस' रखा हुआ था। हाँ, रंग मृत और अनपढ़ माँ पर गया है–बिल्कुल लाल–सुर्ख़, अँधेरे में भी दमकता हुआ। उसने जब आई.ए.एस. की परीक्षा देने की बात की थी तो पिता का चेहरा दीवार पर टँगे चीते–सा हो गया था। आँखों में वही जानी–पहचानी ठण्डी क्रूरता। उन्होंने तब सिर्फ़ एक वाक्य बोला था, "अब राय बहादुर का लड़का नौकरी करेगा। हुँह।" तब बेटे के लिए उन्होंने फ़ैक्टरी लगवा दी थी। अब पिता को मरे बहुत साल हो गये। तो क्या हुआ। उसने अपने मरे हुए पिता को गाली दी, 'बास्टर्ड।' लेकिन गाली दे लेने भर से तो उसे क्षमा नहीं किया जा सकता जिसने हमारी आत्मा को हमेशा अपने पैरों तले रौंदने की कोशिश की हो।

निम्मी उसके नज़दीक आयी, उसके कान के नीचे की फड़कती नम को उँगली से छुआ। वह अपने मृत माँ–बाप से वापस लौट आया।

"सुनो। मैं इतनी कड़वी बात कह गयी, तुम्हें बहुत बुरा तो नहीं लगा न? लेकिन क्या करूँ। जी चाहता है किसी की, नहीं तो अपनी जान ले लूँ। इस जीने और मरने के बीच रहने से तो यही अच्छा है न!"

उसने न बुरा लगने वाले भाव से उसे देखा। आत्मा के अँधेरे कुएँ में एक चमकीला क्षण चमका और उसे इस सत्य का पता चल गया कि यह

लड़की किसी की भी मृत्यु का कारण बन सकती है क्योंकि यह अभिशप्त है। उसने अपने अन्दर एक निर्दय कँपकँपी दौड़ती साफ़ महसूस की। लेकिन जो कोई अभिशप्त हो, उसका अपना एक विशेष आकर्षण भी तो होता है, क्रूर और मीठा दोनों। एक घातक सुन्दरता जो न हमें जीने देगी न मरने देगी। जैसा कि शेक्सपियर ने कहा है–'सो स्वीट वाज नैवर सो फेटल।'

उसने निम्मी को खींचा, उसका सिर अपनी छाती पर रखा और थपकी दी, छोटी और रूठी हुई लड़की को मनाने वाली थपकी। अब क्योंकि निम्मी के होंठ उसके गले को छू रहे हैं इसलिए उसने हल्का–सा सेंक महसूस किया। हो सकता है आज की मुलाक़ात झगड़े में ख़त्म न ही हो।

बाहर बरामदे में हवा ने फिर मटरगश्ती शुरू कर दी। पहले हरावल दस्ता दबे पाँव उसके पीछे आयेगा। छापामार दस्ता चीख़ता, चिंघाड़ता। खिड़कियों पर लगे–लटके बोगनविला के पर्दे खड़के। हवा की एक ठण्डी लकीर अन्दर आयी तो बेल–पर्दे फिर से छिदरा किये। हवा के हरावल दस्ते के एक सैनिक ने अन्दर आकर निम्मी के बालों को छेड़ा, नवीन की नुकीली नाक को छुआ और रोशनदान में जा बैठा। उसने निम्मी के बालों को कान के पीछे किया, वह तुनक गयी, "कितनी बार बोला है मेरे बालों को मत छुआ करो। हाँ! नहीं तो लड़ाई हो जायेगी।"

पागल लड़की। उसने निम्मी को सारा का सारा कई बार छुआ है, दोनों निर्वस्त्र, आधा–आधा दिन। लेकिन बाल छूने पर हर बार नाराज़ हो जायेगी–पागल लड़की। एक बार कारण पूछा तो बताया कि उसे पता नहीं। हाँ, उसकी माँ ने बताया था कि जब वह छोटी थी तो उसके बाल बहुत लम्बे थे। कंघी करने पर, बाल छुड़ाने पर वह नोच डालने को होती थी। तब माँ ने एक दिन उसके घुटनों तक लम्बे बाल कटवा दिये। बस। वह दिन और यह दिन, निम्मी ने फिर बाल लम्बे नहीं किये। लेकिन अब भी कोई बाल छू ले तो पागल हो जाने वाली पागल लड़की।

दोनों ने एक साथ बैठक की बड़ी खिड़की की तरफ़ देखा, दोनों एक साथ बोले, "अरे। कितने सारे टूट गये।" दोनों एक साथ हँस पड़े, एक साथ टचवुड कहा और एक साथ उदास हो गये। फूल टूटकर, पौधे वहीं गिरे, खिड़की–जाली के साथ लिपट गये, धीरे–धीरे काँपते हुए, किसी पक्षी–शिशु की तरह। निम्मी ने अपने निचले होंठ को अपने टेढ़े दाँत से दबाया, प्लीज़ नवीन। इन्हें जाली से छुड़ा दो। कैसे थर–थर काँप रहे हैं।

उसने दरवाज़ा थोड़ा–सा खोला, झट से बाहर निकला और बन्द कर दिया। आक्रमण के लिए तैयार खड़ी हवा ने दरवाज़े पर टक्कर मारी, अन्दर नहीं जा सकी। अतिरिक्त क्रोध से बरामदे में बिफर गयी और दीवार पर लगे, टीन से बने 'डेनिस' को उल्टा दिया। उसने जाली में लटके बोगनविला के फूल छुड़ाये। गिने, सात हैं। चार लाल और तीन सुनहरी। इन्हें कोट की जेब में डाला, बेचारे कितने ठण्डे हो गये। हाथ–घड़ी देखी, फिर आकाश की तरफ़ देखा। ग्यारह बजने को हैं, सूरज का कहीं अता–पता नहीं। बैठा होगा बादलों की रज़ाई में दुबक कर। हो सकता है आज इस शहर से कोई नाराज़गी हो। निम्मी अन्दर से खिड़की के साथ सटकर उससे बोली, "जल्दी अन्दर क्यों नहीं आते, ठण्ड लग गयी तो!" उसने अपने अँगूठे और तर्जनी को जोड़ा, होंठों के पास हौले से लाया, नीचे किया। उसे संकेत भाषा में समझाया कि चाय बनाकर अन्दर आऊँ। निम्मी ने जीभ निकालकर उसे चिढ़ाया।

रसोई में जाने से पहले उसने दीवार पर लगे उल्टे हो गये डेनिस को सीधा किया। हवा ने फिर से डेनिस पर हल्ला बोला। उसने दिल ही दिल में कहा, "बेचारा डेनिस। आज तो हवा उसके पीछे पड़ गयी।" उसने गैस जलायी, पल–भर के लिए हाथ आग के ऊपर रखे, हाथों पर बैठी सर्दी भाग गयी। अब बरामदे में हवा के साथ–साथ कुछ शब्दों के दौड़ने की आवाज़ें आनी शुरू हो गयीं। तो निम्मी ने रिकार्ड लगा लिया। कौन–सा? आवाज़ तो है, लेकिन हवा ने शब्दों का गला दाबा हुआ, सुनाई नहीं दे रहे। दरवाज़े के पास से उसने पूछा, "ऊँचा करूँ!" उसने रसोई से बाहर सिर निकालकर हाँ में हिलाया, निम्मी ने काँच से देख लिया और आवाज़ ऊँची कर दी। शब्दों ने हवा से गला छुड़ा लिया, बरामदे में तैरना शुरू हो गये– 'बाजे झननन... ।... बाजे झननन... ।' किशोरी अमोनकर ने हवा को चुनौती दी।

अन्दर आकर उसने चाय के दोनों गिलास मेज़ पर रखे। निम्मी के हाथों को अपने हाथों में लेकर दबाया। वह ख़ुश हो गयी, "कितने कोज़ी हैं।" अब उसने निम्मी के कानों को हथेलियों से दबाया। लोगों की अक्सर नाक ठण्डी होती है लेकिन निम्मी के कान। चाय से उठ रही भाप अब कम हो गयी। उसने निम्मी को गिलास दिया, उसने पकड़ा नहीं। आँखों से वजह पूछी। उसने बिस्तर–कमरे की तरफ़ देखा। तो चाय वहाँ पियेगी। उसने

गिलास मेज़ पर रखा, "कमरा ठीक कर लूँ", कहकर उधर मुड़ा। निम्मी ने छेड़ा, "खुश होने की कोई ज़रूरत नहीं। हम अलग–अलग रज़ाइयों में बैठकर चाय पियेंगे। और सुनो। मैं लाल रज़ाई लूँगी।" उसने कोई जवाब नहीं दिया। उसकी नाक चुटकी से दबा दी। किशोरी अमोनकर अभी भी कह रही है– 'बाजे झननन...'

वह कोट उतारकर रज़ाई में बैठ गया और चाय सिप करनी शुरू कर दी। लेकिन निम्मी ने अभी तक होंठों से गिलास नहीं छुआ। उसने बिन–बोले पूछा कि "अब क्या हुआ।"

"कमीज़ उतारकर बैठो न।" उसने ख़ामोशी से पूछा कि कहाँ? जब अलग–अलग रज़ाइयों में ही बैठना है तो कमीज़ क्यों उतारे।

"तुम्हारी पीठ देखूँगी। कितनी चमकीली और स्मूथ है।" उसने कमीज़ उतारकर पलंग के नीचे फेंकी और चाय का गिलास उठा लिया।

"मैं भी कितनी क्रूअल हूँ। इतनी ठण्ड में तुम्हारी कमीज़ उतरवा दी", वह नवीन की रज़ाई में सरक आयी। उसने आधी करवट लेकर पीठ उसकी तरफ़ की। निम्मी ने अपनी ठण्डी नाक से उसकी पीठ पर लकीर खींची। किशोरी अमोनकर ने फिर कहा–'बाजे झननन...'

"सुनो। यह एल.पी. ख़राब है क्या? आगे चल ही नहीं रहा। इतनी देर से बस दो शब्द।" वह जानता है, निम्मी जब अन्दर से परेशान होगी तो जान–बूझकर मूर्ख बनने का नाटक करेगी। फिर मात्र कार्य–कारण से चल रहा जीवन इन मूर्ख बातों के कारण ही अच्छा लगता है–नहीं तो इसे जीना मुहाल हो जाये। सच कितना बोझल होता है– इसका बस चले तो जीने दे ही न। शास्त्रीय संगीत का रिकॉर्ड सुनकर एक बार निम्मी ने कहा–"जब यह क्लासिकल सिंगर लगातार एक ही लाइन गाते हैं तो मुझे हमेशा लगता है कि आगे का गाना भूल गये हैं।"

उसने करवट बदलने की कोशिश की। निम्मी ने रोक दिया, "नहीं। मेरी ओर पीठ करके लेटे रहो। अच्छा लग रहा है।" अब उसने अपना दायाँ गाल उसकी पीठ से सटा दिया। 'मैटामरफ़ोसेस' का क्या मतलब है? उसने आधा चेहरा निम्मी की तरफ़ मोड़कर पूछा कि 'यह प्रश्न क्यों?

"तुम्हें पता है मुझे काफ़्का का 'द कैसल' पढ़ाना है। उसकी लम्बी कहानी मैटामरफ़ोसेस इस सदी की सबसे अच्छी और भयानक कहानी है। इसके बारे में भी तो क्लास में बताना चाहिए न।"

"इसका मतलब है कायाकल्प।"

"तुम आदमी हो कि शब्दकोश। मतलब तो मुझे भी आता है। यह कायाकल्प होता कैसे है?"

उसने पूरी करवट ली। निम्मी की नाक चुटकी से दबायी, छोड़ी। फिर उसके कर्णफूल को पकड़कर बताया।

"बिल्कुल वैसे ही होता हैं जैसा तुम्हारा हुआ था। याद करो। पहले तुम मुझसे कितना दबककर रहती थीं, शायद डर से और घमण्ड से। पहली बार साथ लेटे थे तो तुम्हारे बाल कितने उलझ गये। मुझे बाल खींचने की आदत जो है। तुमने बिस्तर से उठने के बाद कंघी से बाल छुड़ाये। उसमें उलझ गये बालों को उँगलियों में पकड़कर पता है क्या कहा था।"

"क्या कहा था?"

"नवीन। यह बाल बाहर फेंक दो। बस उसी क्षण तुम्हारा कायाकल्प हो गया। मैं नवीन साहब से सिर्फ़ नवीन हो गया। एक लगातार डरी हुई लड़की एक औरत में बदल गयी, अधिकारपूर्ण औरत जिसे अपने हक़ का पता चल गया।"

"बक–बक बन्द। मुझे कुछ याद नहीं।" निम्मी ने उसकी पीठ में अपना टेढ़ा दाँत चुभोया। वह जानता है निम्मी को सब कुछ याद है। यह लड़की कभी कुछ नहीं भूलती इसलिए सदा दुख पायेगी। जब स्मृति लम्बी हो तो इसका दंश भी लम्बा होता है–हमेशा मुरझाये और मरे हुए फूलों का गुच्छा हिलाती स्मृति। निम्मी चाहे भूल जाने का बहाना करे लेकिन नवीन को तो कायाकल्प का वह सँजोया हुआ क्षण बिल्कुल याद है। काफ़्का की कहानी में आदमी तिलचट्टा बन गया था और निम्मी लड़की से औरत बन गयी थी–जब उस दिन और उस क्षण कायाकल्प हुआ।

निम्मी ने अपने पैरों की उँगलियों से उसके पैरों की उँगलियाँ छुईं, शरीर में तनाव आना शुरू हो गया। नवीन के पैरों की उँगलियाँ अन्दर की ओर मुड़ीं, निम्मी को पता है वह टैंस हो गया है। उसकी साँस इन क्षणों में धीरे चलेगी और शरीर बिल्कुल धमनीहीन हो जायेगा–ख़ामोश पड़ा शव।

"टैंस क्यों हो गये? मैंने तुम्हारी फ़ैक्टरी में मैनेजर को फ़ोन कर दिया था कि तुम नहीं जाओगे।"

मैनेजर को पता है जो कुछ उसके और निम्मी के बीच है। पति या पत्नी जब एक–दूसरे से विश्वासघात कर रहे हों तो सारे शहर को पता होता है सिवाय उन दोनों के।

"मुँह मेरी तरफ़ कर लो न।" उसने निम्मी की तरफ़ करवट ले ली। निम्मी ने तर्जनी से उसके ऊपर वाले होंठ को पोंछा, "इतनी सर्दी में भी तुम्हारे ऊपर वाले होंठ पर पसीना क्यों आ जाता है किसी डॉक्टर से पूछो न!" उसने कोई जवाब नहीं दिया, कुछ नहीं बताया। इस उम्र में जीवन हमेशा आसान लगता है–क्योंकि डॉक्टर के पास हर बात का इलाज होने का सुखद भ्रम हो जाता है। वह प्रत्येक दुख को चौहद्दी से बाहर निकल आने का रास्ता दिखाता है। नवीन डॉक्टर से कई बार मिला, जो कुछ उसने कहा, निम्मी को क्योंकर बताये। यह लड़की जब उसके पास से हमेशा के लिए जाये तो सुख से जाये। जब हम किसी के सुख की कामना करते हैं तो असल में उसके दुखों को खुद भोगते हैं।

"आज मैं खाना भी यहीं खाऊँगी।" नवीन के चेहरे पर छोटी–सी हैरानी देखकर उसके निचले होंठ पर चुटकी काटी और बोली, मुझे पता है आज दोपहर जज साहब घर नहीं आयेंगी। सुनीता ने कल बताया था कि आज वह सातवीं फाँसी देंगी।

"सातवीं नहीं आठवीं", नवीन ने उसके कन्धे के जोड़ पर सिर रख दिया।

"लेकिन सुनीता ने ही बताया कि आज तक उन्होंने छह आदमियों को फाँसी की सज़ा दी। आज की मिलाकर सात बने कि नहीं," उसने नवीन के सिर के नीचे से अपना कन्धा निकाला।

"मुझे बीच में गिनना भूल गयी होगी। पच्चीस साल लम्बी फाँसी दे रखी है। क्यों?" निम्मी बिस्तर में अध–बैठी हो गयी। हाथों की उँगलियाँ उसके हाथों में फँसा दीं। वे दोनों उसकी पत्नी को जज साहब बुलाते हैं। और बकौल निम्मी 'जज साहब कितनी सुन्दर हैं, एकदम तराशा हुआ जिस्म, एक राजसी गरिमा की मालिक और हमेशा नपी–तुली बात करेंगी।' शुरू–शुरू के दिनों में एक बार निम्मी ने पूछा था कि नवीन उनसे नफ़रत करता है, प्यार नहीं? नवीन के न में सिर हिलाने पर पहले निम्मी हैरान हुई थी फिर परेशान। लेकिन इस उम्र में निम्मी कैसे समझेगी कि किसी से प्यार करे तो ज़रूरी नहीं कि दूसरे से नफ़रत हो। बताया भी लेकिन वह कनविंस नहीं हुई। पच्चीस साल की आयु तक जीवन में दो आयाम, दो रंग होते हैं–सफ़ेद और काला। ज़िन्दगी केवल मात्र गणित का प्रश्न होती है, जिसका जवाब नहीं होना ज़रूरी है।

कमरा भक से उजला गया हालाँकि उसने रोशनी नहीं जलायी। बादलों के घेराव को तहस–नहस कर लेट–लतीफ सूरज निकल आया,

एकदम चमकीली रोशनीवाला। इस कमरे की छत के बीचोबीच काँच लगे हैं। पुरानी तर्ज़ के मकानों में, जो पहले अंग्रेज़ों ने बनवाये। घर के बीच वाले बड़े कमरे की छत में स्काईलाइट होती थी, ताकि दिन के वक़्त घर के अन्दर का हिस्सा रोशन रहे।

"इस स्काईलाईट के काँचों पर काग़ज़ चढ़वा दो। लगता है, घर के बाहर बैठे हैं, अन्दर नहीं। अच्छा बताओ तो, स्काईलाइट की हिन्दी क्या होगी," दोनों के बीच शब्दों का खेल शुरू।

"तुम बताओ," उसने सिगरेट सुलगाई।

"छतदान। रोशनदान की तर्ज़ पर," वह एक शब्द गढ़ कर ख़ुश हो गयी। उसने सिगरेट का लम्बा कश लेकर कहा–"न। छतदान शब्द रोशनी का अर्थ नहीं दे रहा। आकाश झरोखा कैसे रहेगा!" उसने नवीन की पीठ पर बनावटी गुस्से से मुक्का मारा, "तुम फिर जीत गये। आकाश–झरोखा! मज़ा आ गया", उसने शब्द का रस मुँह में घोला।

वह सिगरेट बुझाने के लिए बिस्तर से नीचे झुका। आकाश–झरोखे से आ रही रोशनी में उसकी पीठ नहा गयी। कन्धे के पास निम्मी ने छोटे–छोटे घाव देखे, गहरे खरोंचनुमा।

"यह पीठ पर क्या हुआ? ओ गॉड! कितनी गहरी खरोंचें हैं।"

"जिस दिन जज साहब ने किसी को फाँसी देनी हो, उससे पहली रात वह मुझे फाँसी देती हैं, रात को उन्होंने काटा था। जब वह ख़ुश हो तो भी मारती ही है।"

निम्मी का चेहरा काटे जा रहे दृश्य की कल्पना से अथवा डर से और सफ़ेद हो गया। आकाश–झरोखे पर चढ़ बैठे सूरज ने भी शायद यह बात सुन ली, छलाँग मार कर परे हो गया। काँच फिर अँधेरे हो गये। निम्मी ने उसकी पीठ पर पाउडर डाला, मला और चुप लेकिन उदास आँखों से पूछा कि जज साहब ऐसा क्यों करती हैं, कल रात...

कल रात, खाने के बाद, नवीन जब अपने नींद–कमरे की तरफ़ जाने लगा तो पत्नी ने कहा, "अभी से सो मत जाना। वेट फॉर मी। आई'ल जस्ट चेंज एंड कम देयर।" वह जानता है पत्नी की कोर्ट में आजकल हत्या का केस चल रहा है, वह सैशन जज है। पिछले कुछ दिन से उनका रीडर केस की फ़ाइलें घर छोड़ जाता है। पत्नी की नज़र कमज़ोर नहीं, फिर भी कोर्ट में चश्मा लगाकर जाती है ताकि और अधिक रोबीली

दिखे। वह घर आकर चाहे ऐनक उतार दे लेकिन नवीन को हमेशा यह मूर्ख अहसास रहता है कि उसने ऐनक डाल रखी है। हाँ, जब उसने किसी को मृत्यु–दण्ड देना हो तो घर लौटकर भी ऐनक डाले रखेगी। अपनी नज़र से बचने के लिए। आज शाम से वह मोटी–मोटी क़ानून की किताबों में उलझी रही। मुक़दमे की फ़ाइल देखती रही। इस राज्य में वह अकेली औरत सैशन जज हैं। दूसरे किसी भी सैशन जज से ज़्यादा फाँसी की सज़ाएँ दे चुकी है। उसे गर्व भी है कि आज तक हाईकोर्ट से उसकी दी हुई सज़ा टूटी नहीं। अख़बारवालों ने उसका नाम 'द हैंगिंग जज' रख छोड़ा है। घर में भी, पिछले कुछ सालों से कचहरी ही लगी रही है, जब वह वकील थी तब भी, अब जज है अब भी। नवीन हमेशा मुलज़िम वाले कठघरे में खड़ा और पत्नी जज वाली ऊँची कुर्सी पर बैठी। लेकिन इस बात से इनकार नहीं कि पत्नी ने आज तक अन्याय नहीं किया– न अपराधियों के साथ, न उसके साथ। जो लोग बहुत न्यायप्रिय होंगे, वह सदा क्रूर होंगे, छोटा–सा दोष भी क्षमा नहीं करते–उनके एक हाथ में पानी और दूसरे हाथ में तलवार... नहीं दोनों हाथों में तलवार होती है।

विवाह के कुछ दिनों बाद ही उनके नींद–कमरे अलग हो गये। तब वह बैरिस्टर थी–जो लोग इंग्लैंड से वकालत पास करें शायद उन्हें बैरिस्टर बुलाते हैं। जब शादी हुई तो नवीन की उमर क्या रही होगी शायद पच्चीस से कम। इस उमर में हर लड़की अच्छी और ख़ूबसूरत लगती है। पच्चीस वर्ष की आयु तक उसे शरीर का इन्द्रिय ज्ञान होता है–एक तपा हुआ आकर्षण। जो शरीर के अन्दर है–आत्मा, उसके होने का, उसके बारे में सोचने का न पता और न ही पता करने की कोई इच्छा। इस सत्य का ज्ञान हमें बहुत बाद में होता है कि सुन्दर शरीर में बहुत काली आत्मा का वास होता है। वैसे नवीन को जब इस सत्य का ज्ञान हुआ तो बहुत देर हो चुकी थी। सब जान लेने के बाद यह ज़रूरी तो नहीं कि उससे मुक्त हुआ जा सके।

उसे शुरू से हिन्दी किताबें पढ़ने का शौक़ रहा, अब भी है। पिता ने जब उसके कमरे में हिन्दी की किताबें देखी थीं तो कैसे भड़के थे। गुर्राकर कहा था, "तुमको हिन्दुस्तान के इतने अच्छे कॉन्वेंट में इसलिए पढ़ा रहा हूँ कि हिन्दी किताबें पढ़ो? ब्लडी सिसी..." और किताबें उठाकर कमरा–अंगीठी में फेंक दी थीं। तब वह छोटा था। माँ ने समझाया कि

उसके पिता के अनुसार बड़े लोग और उनके बच्चे न हिन्दी की किताबें पढ़ते हैं न हिन्दी बोलते हैं, सिवाय नौकरों के साथ।

उसने कई बार जानने की कोशिश की, उसे हिन्दी किताबें क्योंकर अच्छी लगती हैं? शायद कॉन्वेंट की हिन्दी मैम की वजह से। वह क्लास और स्कूल में हमेशा दुबकी रहती थी। दूसरे विषय पढ़ाने वाले टीचर अपने को उससे कुछ इंच ऊँचा समझते थे। हीनता–ग्रन्थि के रोगी, हमेशा ऊँचा सिद्ध करने की कोशिश में। क्लास के लड़के–लड़कियाँ भी हिन्दी मैम को हिकारत की निगाह से देखते। वह लगातार दायें–बायें देखती रहती, किसी भी तरफ़ से हो जाने वाले आक्रमण से डरी हुई औरत। लड़के उसके सवालों का जवाब जान–बूझकर ग़लत देते थे। गाय खाता है। उसके 'खाती' बताने पर हँसते कि अंग्रेज़ी में तो गाय और बैल दोनों 'इट' करते है–हुई न हिन्दी औरतों की जुबान, गाय खाती है और बैल खाता है।

नवीन को बचपन से ही हारे हुए और डरे हुए लोग अपने लगे। क्यों? क्योंकि वह भी तो उन जैसा रहा, चौकस और डरपोक। उसे अपनी हिन्दी टीचर से शायद प्यार हो गया, एक किशोर वाला प्यार जिसे कभी बताया नहीं जाता, सिर्फ़ महसूस करने का अहसास। हिन्दी मैम ने ही शब्द–खेल सिखाया था, ऐसे अंग्रेज़ी शब्दों की हिन्दी जो शब्दकोश में न हो। शब्द सही और सटीक होने पर एक टॉफी। नवीन को अब भी यह शब्द–खेल पसन्द है जिसे अकेले भी खेल सकते हैं।

विवाह के बाद पहला झगड़ा हिन्दी किताब के कारण हुआ था। तब माँ–बाप जीवित थे। उसे खाते समय पढ़ने की आदत थी क्योंकि वह बहुत धीरे–धीरे खाता है। पत्नी ने टोका, "खाने के कुछ तरीक़े हैं जिन्हें टेबल–मैनर्स कहते हैं। खाते वक़्त पढ़ा नहीं जाता।" उसने किताब बन्द की, मेज़ पर रखी। पत्नी ने उठायी। उसकी नाक फूल गयी थी, "यू रीड हिन्दी बुक्स।" हिन्दी शब्द को उसने जान–बूझकर हिंद्दी बोला, उसे और भाषा दोनों को अपमानित करने के लिए। जवाब उसके पिता ने दिया था, "इसे अपने स्टेटस, अपने करनी का कभी ख़याल रहा है क्या? एक बार तो मैंने इसकी हिन्दी की किताबें फायरप्लेस में जला दी थीं।" दूसरे क्षण उसके पिता और पत्नी में एक गुप्त सन्धि हो गयी, हर हालत में एक–दूसरे का साथ देने वाली सुलह। उसी क्षण उसमें और पत्नी में एक शीत–युद्ध शुरू हो गया–हर हालत में एक–दूसरे को नीचा दिखाने वाला युद्ध।

माँ शुरू से ही इस शादी के विरुद्ध थी। अनपढ़ होने के कारण उसका प्रभज्ञान सदा से प्रबल रहा है—समझकर नहीं, दूसरों की आत्मा में झाँक कर सब कुछ जान लेने, समझ लेने वाला प्रभज्ञान। नवीन की आँखों में पत्नी के प्रति उसने ठण्डा–क्रोध और मूक–विशेष देख लिया। उसे समझाया था—"देख काका। घरवाली से कभी भी बहस में मत पड़ना। ऐसे लोगों से बातों में, बहस में जीता नहीं जा सकता। मेरी बात गाँठ बाँध ले। कभी भी कुछ कहे, चुप रहना। हाँ, एक चुप, सौ सुख।" माँ की मृत्यु हो गयी। लेकिन आज भी उसकी सीख गाँठ में बँधी की बँधी। उसने मृत माँ को मीठी गाली दी—सिल्ली वोमेन।

आज विवाह को पच्चीस वर्ष होने को हैं—जज साहब ने आज तक ताना कसने का कोई भी मौक़ा हाथ से जाने नहीं दिया। वह उसे शरीर–सुख, नवीन ने हनीमून के लिए यह शब्द गढ़ा था, मनाने के लिए किसी पहाड़ पर नहीं ले गया। ब्याह के बाद पहाड़ पर जाने वाले अंग्रेज़ी रिवाज़ से उसे सख़्त नफ़रत थी। सारे शहर को पता चल जायेगा, आप कहाँ क्या करने पहुँचे हैं। फिर माँ ने भी तो रोक रखा था कि पहाड़ पर कभी मत जाना। जब उनका जन्म हुआ तो माँ ने जन्मपत्री, इधर की भाषा में टेक बनवाया। पण्डित जी ने बताया कि बच्चे के लिए पहाड़ अशुभ है, कभी वहा न जाये। माँ ने जब यह बात बतायी तो पिता बहुत भड़के थे। शिमला में उनकी अपनी कोठी है। यार–बाश पहाड़ों पर जायें और वह वहाँ गर्मी में झुलसें। पण्डित को कुछ रुपये देकर कोई पूजा–वूजा करवा दो। ब्लडी ब्लोड। पहाड़ पर मत जाओ।

माँ को पिता की ज़िद के आगे झुकना पड़ गया। ये लोग शिमला गये। नवीन को वहाँ निमोनिया हो गया था। डबल निमोनिया। माँ जीवन में पहली बार अपने राय बहादुर पति को मरने–मारने पर उतारू हो गयी। पण्डित जी का कहा सच निकला—पहाड़ बच्चे के लिए अशुभ है। पति को धमकी भी दी, "मैंने आज तक तुम्हें न कभी रोका, न कभी टोका। लेकिन अगर मेरे बेटे को कुछ हो गया तो तुम्हें छोड़ूँगी नहीं।" राय बहादुर पहली बार पत्नी से डर गये। भरी गर्मी में शिमला से मैदान लौट आये। वह दिन और आज का दिन नवीन और माँ कभी पहाड़ पर नहीं गये। हाँ पिता हर सीज़न में ज़रूर जाते रहे लेकिन अकेले ही।

पहाड़ पर जाना उसके लिए अशुभ है। यह बात वह अपनी इंग्लैंड लौटी पत्नी को समझा सकता था। वह उसके और माँ के लिए एक ही शब्द कहती—स्टूपिड—जड़मूर्ख। पत्नी ने शादी के बाद जब कई बार पहाड़ पर न जाने का ताना कसा तो उसे जवाब देना पड़ गया, "पहाड़ पर जाकर लोग जो कुछ करते हैं वह सब यहाँ हो रहा है न। मुझे अपने गले में यह पोस्टर लगाना बिल्कुल पसन्द नहीं कि हमारी नयी शादी हुई है और हम पहाड़ पर यह कुछ करने आये हैं।" तब बैरिस्टर साहब भभक गयी थीं।

"तुम्हें सिर्फ़ मेरे जिस्म की भूख है, एक औरत—भूखे मर्द की भूख," हालाँकि उसने विमेन—हंगरी शब्द प्रयोग किया था। नवीन पहली बार गुस्से में अन्धा हुआ। उसकी दायीं बाँह कसी थी, मारने के लिए उठती बाँह जैसे कि पिता की बाँह कस जाती थी। लेकिन उसका हाथ उठा नहीं। जिस पिता से वह इन्तिहा नफ़रत करता है, क्या वही बन जाये। यह प्रायः होता है कि हम जिस किसी से नफ़रत करते हैं अक्सर उसी जैसे बन जाते हैं।

"आज से हम अलग—अलग कमरों में सोया करेंगे जब तुम्हें ज़रूरत लगे, मेरे कमरे में आ जाना।"

"ठीक है। मैं तुम्हारी तरह मुफ़्त की नहीं खाती, सुबह दस से शाम पाँच तक कोर्ट में जान खपाती हूँ।"

इससे पहले कि वह बैरिस्टर साहब से बहस बढ़ाये, माँ की वही बात याद आ गयी—इस औरत से बातों में नहीं जीता जा सकता। इसलिए, एक चुप सौ सुख।

उस दिन को चौथाई सदी बीत गयी। तब से दोनों अलग कमरों में सोते हैं। पत्नी कामकाजी ठहरी, अगले दिन छुट्टी हो तो उसके कमरे में आयेगी। अब सैशन जज है। जब किसी को मृत्युदण्ड देना हो तो उसके कमरे में आकर पहले उसे मारेगी, लहूलुहान करेगी, क्योंकि वह नवीन के कसरती जिस्म से बेतरह प्यार भी करती है और घृणा भी। नवीन को आज तक यही लगा कि वह पत्नी के लिए दण्डशाला है। पहले उस पर हाथ साफ़ करेगी फिर अपराधियों पर।

निम्मी उसकी पीठ के दन्त—घावों पर रुई, डेटोल से सने फाहे लगा रही है। तीख़ी चुभन को वह फूँक मारकर उड़ा रही है। उसने नवीन का कान छूकर पूछा "सुनो! सुनीता कब तक आयेगी?"

सुनीता उसकी बेटी है, निम्मी ने उसे एम.ए. में पढ़ाया था। अब तो बेटी आई.ए.एस. कर गयी। आजकल कुछ अरसे के लिए दिल्ली प्रशिक्षण के लिए गयी है। उसने कमीज़ पहनने के लिए हाथ बढ़ाया तो निम्मी ने रोक दिया। "ऐसे ही लेटे रहो। मैं अपने हिस्से की पीठ तो देख लूँ।" उसने हाथ रज़ाई में किया और निम्मी की कन्धा–हड्डी पर रख दिया। वह जब बहुत ख़ुश हो तो आँखें बन्द करके मुस्कराती है।

"एक बात पूछूँ। सुनीता की अंग्रेज़ी इतनी अच्छी है। फिर कॉलेज की पढ़ाई के दिनों में हिन्दी की वाद–विवाद प्रतियोगिताओं में हिस्सा क्यों लेती थी?"

"मैं और सुनीता हिन्दी पढ़कर, बोलकर, जज साहब को दुख देते हैं," उसने निम्मी के माथे पर हथेली रख दी। निम्मी ने हैरानी से उसे देखा–भला हिन्दी पढ़ने–बोलने से किसी को क्योंकर दुख हो सकता है! नवीन को जब लम्बा जवाब देना हो तो प्रत्येक शब्द दबा कर, अलग से बोलेगा–तब उसके बोले हुए शब्द अपना रूप धारण कर लेंगे। एक बार गर्मियों में वे साथ लेटे थे तब बिजली चली गयी। दरवाज़े बन्द, खिड़कियाँ बन्द। वह बोला था–बर्फ़। बिस्तर में एक ठण्डे टुकड़े को आकर बैठते उसने साफ़ महसूस किया था। वह उसे बताता रहा कि बर्फ़ कैसे बनती है। कारख़ानों में, पहाड़ों पर और जब तक उसने बर्फ़ के बारे में बातें कीं एक छोटी–सी ठण्ड बिस्तरे में बैठी रही। वह हँसा, निम्मी जान गयी कोई मज़ेदार बात करेगा, हाथ उसकी छाती पर रख दिया।

"अब मैं भी कोई दूध–धुला आदमी तो हूँ नहीं। जानती हो न कि जज साहब से बहस में नहीं जीता जा सकता। फिर आप उस किसी से क्योंकर जीत सकेंगे जो हमेशा सही हो, जिसके पास जीने का फ़ार्मूला मात्र कार्य–कारण सम्बन्ध हों। ऐसे लोगों के लिए एक शब्द गढ़ा है–बुद्धि दास। मैं जज साहब से छोटे–छोटे बदले लेता हूँ। पता है पहला बदला कौन–सा लिया?

निम्मी ने अपनी बीच वाली उँगली से उसकी दोनों आँखें बन्द कीं, "तुम आँखें बन्द करके अच्छे लगते हो। नींद में बोलता आदमी। अच्छा बताओ।"

नवीन ने बताया कि पत्नी से पहला बदला था–बेटी सुनीता का जन्म। उसकी पत्नी और पिता दोनों का मुँह कुप्पा हो गया। ख़ुश थी तो केवल माँ, घर में बेटी के आने पर। शायद घर की आत्मा भी

आ जाये। जिन घरों में बेटी नहीं होती वे घर, उन घरों के वासी, आभाविहीन होते हैं। ऐसे घरों में मात्र कामकाज ही आपसी सम्बन्धों का आधार होता है।

यहाँ के मिशन अस्पताल में बच्ची का जन्म हुआ था। पिता ने बच्ची को छुआ तो दूर, आँख–भर कर देखा तक नहीं। बहू को बताया कि उनके खानदान में पिछली कई पुश्तों से सिर्फ़ एक औलाद हुई है–लड़का। यह पहली बार हुआ कि उनके खानदान में लड़की ने जन्म लिया–यह बात जब बतायी तो आवाज़ में खीझ थी, गुस्सा नहीं। जब नवीन की माँ ने कहा कि घर में लक्ष्मी आ गयी, तब उन्होंने आदतन छोटा और कड़ा जवाब दिया था–"घर में पहले से क्या लक्ष्मी की कमी थी जो और आ गयी।"

नवजात बच्ची ने पूरी आँखें खोलकर नवीन को देखा। उसे लगा बच्ची ने घर का शत्रु–वातावरण सूँघ लिया। या नवीन को सहायता माँगती निगाहों से देखा लेकिन यह उसका मूर्ख क़दम था। शिशु की इन्द्रियाँ तो तालाबन्द होती हैं, सिर्फ़ सूँघ कर प्यार और गुस्से की पहचान होती है–जानवरों की तरह। लेकिन पत्नी और हिन्दुस्तानी औरतों की तरह नहीं कि लड़की पैदा होने पर पिट जाये। तुरन्त अपने पक्ष में दलील तलाशना उसे आता है "यहाँ की डॉक्टर इंग्लैंड से पढ़ी है। इस टॉपिक पर वहाँ बहुत रिसर्च हुई है। उसने बताया कि लड़की तब पैदा होगी जब हस्बैंड में कोई कमज़ोरी हो।"

तब पिता ने घूरकर नवीन की तरफ़ देखा था। दोनों के बीच लम्बे समय से चल रहे युद्ध में एक और गाँठ पड़ गयी। और यह गाँठ डालकर पत्नी बीच से साफ़ निकल गयी।

नवीन की बतायी सारी बातें निम्मी के सामने चित्र–दृश्यों–सी चल गयीं। उसने सवाल किया कि क्या उसे बुरा नहीं लगा कि लड़की पैदा होने का दोष उस पर मढ़ दिया।

"जब हम किसी को अपने आत्मा–घर से बाहर निकाल दें तो उसकी कही कोई बात बुरी नहीं लगती।"

टक। टक। टक। छोटी–छोटी आहटें कमरे में पटाखों की तरह फूटीं। निम्मी रज़ाई के अन्दर सरक गयी, उसका शरीर कस गया। काँपती आवाज़ में बोली, "कोई आया है। अब क्या होगा?" नवीन ने उसके मुँह से रज़ाई हटायी, नाक चुटकी से दबाकर कहा, "ऊपर देखो।"

दोनों ने आकाश–झरोखे की तरफ़ देखा। काँच पर बैठी चिड़िया चोंच से लगातार टक–टक करती, बाहर उसे ठण्ड लग रही है, अन्दर आयेगी। निम्मी को गुस्सा आ गया। उसका निचला होंठ फड़कने लगा। उसने नवीन की पीठ को धक्का देकर अपने से परे किया।

"अब मैं कभी यहाँ नहीं आऊँगी।" नवीन को मालूम है कि ज़रूर आयेगी इसलिए चुप रहा। वही फिर बोली, "जानते हो, मैं जब यहाँ हूँ तो हर पल चाकू की धार पर बैठी होती हूँ। कोई आ गया तो? किसी ने देख लिया तो? तुम इस साथ होने को प्यार समझते होंगे। मैं नहीं। नो, नो, नो। मुझे लगातार आशंका पर टिके रिलेशंस से नफ़रत है। कोई भी आवाज़ आये तो मेरा ख़ून सर्द पड़ जाता है। टु हैल विद दिस काइंड ऑफ़ इम्पोर्टेंट लव।" उसने बोलना बन्द किया लेकिन हाँफ गयी है, पता नहीं गुस्से से अथवा पराजित गरिमा से। न नवीन ने कोई जवाब दिया, न कोई हौसला। कुछ सत्य ऐसे होते हैं कि न हमारे हौसले देने में और न ही समझाने से बदलते हैं– अभिशाप सम्बन्धों के काले सत्य।

निम्मी ने झूठ तो नहीं कहा। उन दोनों के प्रेम को विमुख मात्र एक शब्द ने कर रखा है–आशंका। हवा चली, आवाज़ हुई, तो आशंका–'कोई आ गया।' सुनील की आँखों में उन दोनों को देखकर जो शरारत कूदती है, वह उसे छेड़खानी कहेंगे या आशंका। नवीन तो शुरू से आशंका का आदी है–पिता की डाँट पड़ने की आशंका, पत्नी के नाराज़ होने की आशंका। लेकिन निम्मी तो इसकी आदी नहीं– भय और ख़ुशी के बीच लगातार जीने की आशंका।

उसने निम्मी के कन्धों को उँगलियों के पोरों से दबाना शुरू कर दिया। तब उसके तने हुए शरीर से गुस्सा अथवा आशंका बाहर सरकना शुरू हो गये। उसने अपनी बाँहें पीछे मोड़कर कन्धा दबाती उँगलियाँ पकड़ लीं। उसकी कलाई फूटी, कि फूटी, इसका अन्दाज़ नवीन को हो गया।

"सुनो!, वह कितना काला दिन था जब हम पहली बार मिले। डार्क बिगिनिंग्स हैव ओनली डार्क एंड्स।" उसने करवट बदल ली। अब खुलकर रोयेगी। और करे भी तो क्या? सचमुच वह काला दिन ही रहा होगा जब दोनों की पहली मुलाक़ात हुई थी। नवीन को कुछ वर्ष पूर्व का वह दिन कल की तरह याद है... सुनीता तब पढ़ रही थी। उसके कॉलेज का वार्षिक समारोह। पुरस्कार जज साहब, सुनीता की माँ ने देने हैं। बेटी ने

सुबह–सवेरे चेतावनी दी थी, "पापा। शाम को आपने भी मेरे कॉलेज आना है। पता है कि नहीं मुझे चार प्रथम पुरस्कार मिलेंगे।"

"चार! इतनी लायक तू कब से हो गयी! कौन–से चार? बताओ तो।"

"नम्बर एक–बी.ए. में फर्स्ट। नम्बर दो–बैडमिंटन की चैम्पियन। नम्बर तीन–हिन्दी कविता–पाठ में फर्स्ट। और नम्बर चार–कॉलेज क्वीन।" सुनीता की गर्वीली आवाज़ में गर्माइश। आज बहुत दिनों बाद माँ ने भी इस गर्व में हिस्सेदारी की। बोली बेटी से, नवीन को 'सुनाकर'–

"थैंक गॉड। लड़की का दिमाग़ तो मेरे खानदान पर गया। बाक़ी सारी आदत तो 'तुम लोगों' की हैं।" जज साहब 'लगा कर' बात करने का मौक़ा कभी नहीं छोड़ते। उसे तो माँ ने बहुत पहले सीख दी थी–कड़वी बात का कभी भी जवाब नहीं देना चाहिए। बोलने वाले को अपमानित करने का सबसे कारगर तरीक़ा–उसकी बात अनसुनी कर दो।

"कॉलेज से चार पुरस्कार ले रही हो। अब पापा पर क्या जज़िया लगाओगी।"

"तुमसे प्राइज़ नहीं बोला जाता! यह पुरस्कार–वुरस्कार की रट दोनों बाप–बेटी ने लगा रखी है।"

बाप–बेटी दिल ही दिल में हँसे। जज साहब को हिन्दी की मार लगाने के बाद खुल कर नहीं हँसा जा सकता।

"तो फिर माँगूँ? न नहीं सुनूँगी। नहीं तो कट्टी टाँगोंवाली।"

नवीन जानता है क्या माँगेगी। बेटी की इच्छाओं को बिना सुनें जान लेता है। फिर 'हाँ बताओ' की मुद्रा में सिर हिलाया।

"सफ़ेद मारुति कार।" नवीन को पता था यही माँगेगी। उसकी आँखों में इस कार को लेने की इच्छा कई बार देख चुका है।

"मैम साहब। पहले बुकिंग करानी पड़ती है खड़े–खड़े तो यह कार मिलने से रही।"

जवाबी हमला जज साहब ने किया। "तो फिर कहा क्यों कि जो माँगेगी, दोगे। बच्चों से झूठे वायदे नहीं करने चाहिए।" माँ को विश्वास हो गया कि आज वह बाप–बेटी का गठजोड़ तोड़ लेगी। उसने बेटी को दिलासा दिया, "मैं आज ही बुक करा दूँगी। मेरे एकाउंट में इतने रुपये हैं कि तुम्हें कार ले दूँ।" दोनों को इस बात का क्या पता कि नवीन कार मँगवा चुका है और फ़ैक्टरी में खड़ी है। बेटी ने माँ के गले में बाँहें डाल

दीं, "यू आर ग्रेट मॉम। पापा डजंट कीप हिज वर्ड।" नवीन को बेटी की बात का बुरा नहीं लगा–आज शाम को फिर उसे अपने पक्ष में कर लेगा।

शाम को जान–बूझकर फ़ैक्टरी से आधा घण्टा देर से आया। माँ–बेटी तैयार होकर बाग–कुर्सियों में बैठी थीं। वह फ़ैक्टरी से सफ़ेद मारुति में ही आया। सुनीता छलाँग कर उसके पास आयी, उसे बाँहों में लेकर माथे पर 'किस्सी' की, बालों को बिखेरा। दोनों के इस सुख–क्षण को माँ के ज़हरीले शब्दों और आवाज़ ने छितरा दिया। "सुनीता, बिहेव! ही'ज योअर फादर, नॉट ब्वॉयफ्रेंड।"

"चलो। देर हो रही है। कार में बैठो", नवीन ने दोनों को कहा।

सुनीता ने उसके चमड़े के कोट और जीन्स को घूर कर देखा। नवीन सारी सर्दियाँ इनमें गुज़ार लेता है। अमेरिका जाने का एक फ़ायदा तो है। आदमी गुड्डा–कपड़ों के मोह से मुक्ति पा लेता है। बेटी ने मीठी डाँट पिलायी, "पापा। ढंग के कपड़े पहनो। किसी सेलर्स–बार में नहीं जाना।" पत्नी ने अपने हिस्से की शिकायत की, "सारी सर्दियाँ जब देखो वही भिखारियों वाले कपड़े! मेरी इंसल्ट तो हर हालत में करनी है न! लोगों को ज़रूर दिखाना है कि सारे अच्छे कपड़े वाइफ सिलवा लेती है। बेचारे के पास अपने कपड़े सिलवाने को कुछ नहीं बचता।"

वह अन्दर गया, ब्रिटिश–ट्वीड का छोटे खानों वाला ऊँट–रंगी कोट डाला, साथ गहरे रंग का स्कार्फ़। कोट के रंग की वजह से उसका चेहरा दमक उठा। कनपटियों के सफ़ेद बालों पर भी हल्की–सुर्ख़ आभा आ गयी। इस सर्दी में भी उसकी अन्दर की तरफ़ मुड़ी नाक की नोक पर पसीने की छोटी बूँदें साफ़ दिखीं। पत्नी और बेटी ने उसे ऐसे देखा, जैसे पहली बार मिले हों। कुछ लोग कभी पुराने नहीं पड़ते, प्रत्येक मुलाक़ात में ग़लती लगती है पहली बार मिलने की। बेटी ने छेड़ा, "वॉ! हैंडसम किलर।" पत्नी पास आयी, पर्स से रूमाल निकालकर उसके नाक से पसीना पोंछा। पानी में डेटॉल डालकर नवीन ने मुँह धोया था इसलिए एक मर्दाना–गन्ध उसके पास से आयी। उसके कनपटी के सफ़ेद बालों पर उँगली फेर कर पत्नी ने लाड़ भरी डाँट पिलायी, "गॉड ने इतनी अच्छी सूरत दी, इसे बिगाड़ कर रखना ज़रूरी तो नहीं।" उसने पत्नी की बात में चिर–परिचित भूख भाँप ली, काँप गया। आज रात ज़रूर उसे लहूलुहान करेगी। बेटी ने दोनों को छेड़ा, "लव–बर्ड्स। जल्दी करो।" कार में बैठते हुए जाने क्यों नवीन

को माँ की कही बात याद आ गयी—बेटी घर की आत्मा होती है। अगर सुनीता न होती तो वे शायद कब से अलग हो चुके होते। बेटी माँ—बाप के बीच पहरेदार होती है—दोनों को सुरक्षित रखती आत्मा।

समारोह समाप्त होने पर चाय—मेज़ के पास सुनीता की सहेलियों ने नवीन को घेर लिया। उसकी फ़ैक्टरी की बस कई बार इन लोगों को पिकनिक आदि के लिए ले जा चुकी है। उससे ख़ूब चुहलबाजियाँ चल रही हैं। उसको अन्दाज़ा हो गया कि कोई छोटी—सी माँग पेश हुई कि हुई।

"अंकल, आज पहली बार कोट और स्कार्फ़ में दिखे। ख़ैर तो है!" वह मुस्करा दिया।

"आंटी भी तो कितनी जैंगो लग रही हैं। शायद हनीमून पर जाने की तैयारी है।" पत्नी थोड़ी दूर पर शहर के लोगों से घिरी खड़ी थी। आज उसके मुँह पर पति की प्रशंसा सुन 'बुरा लगने' वाला भाव नहीं आया। उसे भी तो तारीफ़ का सेंक लग रहा है।

"अरे! आप तो कुछ खा ही नहीं रहे", नवीन मुड़ा। सफ़ेद साड़ी, सफ़ेद ब्लाउज़ और गले में चावल मनकों के आकार वाली गारनेट्स की माला। पहले तो कभी देखा नहीं। सीनियर क्लास की लड़की होगी। यह बात सोचते हुए नवीन के शरीर ने ख़तरा—संकेत ग्रहण करने शुरू कर दिये। रक्त ने रक्त को छोटी—सी पुकार लगायी और वह एकदम चौकस हो गया है। शत्रु—पक्ष की है। घेराबन्दी कर लो।

"मैं चाय के साथ कुछ नहीं खाता", बिन कारण उसकी आवाज़ कठोर हो गयी।

"कुछ तो लीजिए न", प्लेट अब बिल्कुल उसके मुँह के आगे। उसने प्लेट पकड़े हाथ को देखा। कलाई पर उभरी नीली नस प्लेट के बोझ से फड़कती हुई।

"नो थैंक्स।" चेहरा भी लगभग सफ़ेद। इसके माथे पर अदृश्य अक्षरों में लिखा जाने वाला दुख का इतिहास उसने पढ़ लिया। पीछे हो गया। बेटी सुनीता ने उसके हाथ से प्लेट पकड़ी, बताया, "हमारी नयी मैम। निम्मी शर्मा। गोल्ड—मैडेलिस्ट हैं। अंग्रेज़ी में। और पापा कुछ खा लो। शो सम मैनर्स एट लीस्ट सम टाइम।" उसने बेटी की आँखों में गुस्सा देख लिया। उसे अपनी पढ़ाई के दिन याद आ गये। अपने प्रिय 'सर' अथवा 'मैडम' मॉं—बाप से भी अच्छे लगते हैं। उसने निम्मी को पूरा

देखा। बेटी को ख़ुश करने के लिए शरारती–सा वाक्य उछाला, "हैव यू वॉक्ड आउट ऑफ़ अ फ़ेयरी टेल?" निम्मी का चेहरा आभायुक्त हो गया। उसने फिर प्लेट उठाकर उसकी ओर बढ़ायी। उसने फिर 'नो थैंक्स' कहा। उस लड़की–सी दिखने वाली मैम की एक आँख दूसरी आँख से छोटी हो गयी। वह अपनी पत्नी की ओर बढ़ गया।

चाय के बाद सब लोग बाहर निकले तो पल–भर के लिए निम्मी उसके नज़दीक आयी, दबी आवाज़ में कहा था, "यू आर बोथ प्राउड एंड एरोगेंट।" वह बिफरा नहीं। हम जिनसे बचकर रहना, जीना चाहते हों उनसे उलझना नहीं चाहिए। वह चुप रहा था... वह वर्तमान में लौट आया। वह जब पहली बार मिले तो निम्मी ने सफ़ेद कपड़े पहने हुए थे, परी कथा से बाहर निकल आयी फ़ेयरी। लेकिन दिन ज़रूर काला था। और काले दिन का आरम्भ और अन्त दोनों काले होते हैं।

खिड़कियों के पास खड़ी हवा ने लम्बी साँस भरी, सुबह से बेतहाशा भागेगी तो साँस तो फूलेगी न। निम्मी की आँखें अभी भी बन्द–क्या उसे भी वह काला दिन याद आ गया है। बेटी भी कितने दिन तक रूठी रही। अपनी मैम की पक्षधरता के कारण से। लगता है हवा की दौड़–थकान उतर गयी, हाँफने की कोई धौंक नहीं सुनाई दे रही। निम्मी ने आँखें खोलकर पूछा, "क्या सोच रहे थे?" उसने जवाब में उसके कानों को छेड़ा, "देखो, मैं गले पर काट लूँगी। जज साहब ने निशान देख लिया तो सीधा अन्दर कर देंगे", उसने निम्मी के कान को छेड़ना बन्द कर दिया। यह धमकी हमेशा से कारगर साबित होती आयी है। वह हौसला देती मुस्कायी, "डर गये न! चलो नहीं काटती। लेकिन कुछ खाऊँगी। जानते हो न, मुझे रोने के बाद ज़ोरों से भूख लग जाती है।" वह बिस्तर से बाहर निकला, नंगे जिस्म पर तौलिया लपेटा। निम्मी ने तौलिए का सिरा पकड़कर कहा, "खींचूँ! कर दूँ चीर–हरण।" वह बिस्तर पर बैठ गया। उसकी दोनों हथेलियों को अपनी आँखों पर दबा लिया। निम्मी के हाथ सदा सर्द, उसके चेहरे की तपिश को झट से सोख लेते हैं।

"किचन मत खोलना। फ्रिज में कुछ तो पड़ा होगा।"

"लेकिन फ्रिज में तो सब कुछ ठण्डा का ठण्डा। गर्म तो करना पड़ेगा ना।" वह तुनक गयी।

"नहीं। किचन नहीं खोलना। टमाटर होंगे न! ब्रेड में लगा लेंगे। तुम किचन में पहुँचकर हमेशा की तरह आवाज़ दोगे–निम्मी, ज़रा आना तो।" उसने नक़ल उतारी।

"लेकिन इतनी सर्दी में ठण्डी ब्रेड और टमाटर खाओगी कैसे," उसने मनाना चाहा।

"तुमने आज तक मुझे गर्म खाना खिलाया है क्या?"

"जज साहब की तरह तुम्हें भी जिरह करने की आदत हो गयी क्या? गर्म करने को कह तो रहा हूँ।"

"लग गयी लाल नाक! तुम मुझे कहीं बाहर खाना खिला दो। इतना भी डर क्या। हमने आज तक किसी होटल में चाय तक नहीं पी।"

दोनों को मालूम है कि कहीं 'बाहर' नहीं बैठा जा सकता। शहर के जितने लोग उसके परिचित, उतने ही पत्नी के। नारी–पुरुष को लेकर छोटे शहर के लोगों के दिल भी छोटे होते हैं। लेकिन यह क्योंकर हो कि सत्य समझ भी आ जाये और अच्छा भी लगे! वह दूसरे कमरे में जाने लगा तो उसने कहा, "मैं बिस्तर से बाहर नहीं आऊँगी। कहीं से आना।"

"बाहर नहीं आऊँगी! क्यों नहीं आओगी?"

"सिल्ली ब्वॉय। मैंने कुछ नहीं पहन रखा," उसने रज़ाई नाक तक खींच ली।

"तो क्या हुआ! बर्थ–डे सूट में ही खाना हो जाये।"

"यह बर्थ–डे सूट क्या हुआ," उसने आँखें तरेरीं।

"सिल्ली गर्ल। जिस दिन जन्म हो तो क्या पहना होता है?" उसने छोटी मेज़ पर रखा पानी का गिलास उठाया, हथियार की तरह उसकी तरफ़ ताना।

उसने फ्रिज से ब्रेड–टमाटर निकाले। उस कमरे में आकर बताया कि किचन तो खोलना ही पड़ेगा, चाकू वहीं से मिलेगा।

"नहीं। किचन नहीं खोलना। नया ब्लेड दो। टमाटर उसी से काट लेंगे।"

निम्मी पर कोई ज़िद सवार हो जाये तो जल्दी उतरेगी नहीं। आज किचन के पीछे पड़ गयी, हटेगी नहीं। उसने पैकेट से नया ब्लेड निकाला, उसे पकड़ाया। उसने टमाटर के छोटे टुकड़े किये, स्लाइस पर रखे, पूछा, "नमक, मिर्च, केचप, कुछ है क्या?" "सब कुछ रसोई में।" उसने स्लाइस पर टमाटर के टुकड़े रखे, दाँतों से कुतरा और नाक चढ़ायी "क्या कमाल

का खाना खिला रहे हो।" उसने झटके से निम्मी के हाथ से स्लाइस छीना, प्लेट में रखा और कड़ी आवाज़ में कहा, "उठो। कपड़े पहनो।"

"क्यों पहनूँ" उसके चेहरे पर घबराहट आ गयी। नवीन ने रज़ाई परे की, हाथ से उसे खींचा।

"क्योंकि आज हम होटल में खाना खायेंगे।"

"पागल तो नहीं हो गये। शाम तक सारे शहर में चर्चे होंगे।"

"हाँ हो गया हूँ पागल। तुम उठती हो कि नहीं।"

वह उठी, लेकिन बाहर जाने के लिए नहीं।

नवीन के तौलिये बँधे शरीर के पीछे खड़ी हो गयी, आदमक़द आईने के सामने। नवीन के कन्धे के पास उसका चेहरा आईने में झलका। नवीन के दिल में एक विचित्र ख़याल आया, उसके कन्धे के पास एक और सिर उग आया, निम्मी का। उसने अपनी ठोड़ी नवीन की पीठ पर रगड़ी।

"नहीं। हम बाहर नहीं जायेंगे, तुम्हें मजाक में भी लाल नाक क्यों लग जाती है," फिर उसकी कनपटियों के बालों पर हथेली फेरी, "बिल्कुल सफ़ेद हो गये।"

"काले कर लूँ," उसने निम्मी को दोनों बाँहों लपेटकर पूछा।

"नो... नो... नो... तुम ऐसे ही अच्छे लगते हो। बाल काले किये तो कभी नहीं आऊँगी।"

उसे तीन बार न कहने की आदत क्योंकर है। नवीन ने उसे बिस्तर पर बैठाया, रज़ाई ओढ़ायी। आप पास रखे स्टूल पर बैठ गया। उसने छेड़ा, "तुम भी अन्दर आ जाओ," वह वहीं बैठा रहा, निम्मी को एकटक देखता हुआ।

"घूरे क्यों जा रहे हो। पहली बार देखा है क्या।"

"घूर इसलिए रहा हूँ कि तुम्हें पीटने का मन कर रहा है। इतनी देर से क्यों पैदा हुईं। दस–पन्द्रह साल पहले जन्म नहीं ले सकती थीं।" निम्मी ने उसके दोनों हाथ रज़ाई में खींच लिए, अपने पेट पर रखे। उसने निम्मी के पेट का हिलना महसूसा। वह फिर से रोना शुरू हो गयी, बेआवाज़। चुप कराये? नहीं। रो लेने दो। इसकी तो आदत हो गयी। मुलाक़ात इसी से शुरू और रोने पर ख़त्म। उसने रूमाल को गीला किया, उसका चेहरा पोंछा। वह चुपचाप पड़ी रही। फिर बिस्तर के दूसरी तरफ़ उठकर कहा, "आँखें बन्द करो।"

उसने बिन बोले पूछा–"क्यों"

"मुझे कपड़े पहनने हैं। अब जाऊँगी।"

"लेकिन तुमने तो शाम तक यहाँ रहने को बोला था। अब क्या हुआ?"

"नहीं। अभी जाऊँगी।" उसने आँखें बन्द कीं। कपड़े सरकने की तेज़ आवाज़ें आयीं।

"अब खोल लो। देखना, मेरा हेयरपिन कहीं गिर गया।" निम्मी आईने के सामने खड़ी कंघी कर रही है। उसने तकिया उठाकर देखा, हेयरपिन नहीं मिला। चादर पर हाथ फेरा, नहीं मिल रहा।

"मिलेगा कैसे। मेरे बालों में ही अटक गया था," अब उसकी आवाज़ में शरारत। वह उठकर उसके पीछे खड़ा हो गया। निम्मी के सफ़ेद चेहरे के साथ उसका सुर्ख़ चेहरा जुड़ गया, आईने में। निम्मी ने आँखें बन्द कर लीं, "प्लीज़ नवीन। परे हट जाओ। मुझसे तुम्हारा चेहरा नहीं देखा जाता।" वह मुड़ी, उसका माथा चूमा, उसके गाल पर अपना गाल रख दिया। "तुम्हारा मुँह कितना गर्म है," बिस्तर पर बैठकर सैंडल डालने लग पड़ी।

"तुम्हें वह दिन याद है जब पहली बार तुम्हारे घर आयी थी?" उसने न में सिर हिलाया।

"मुझे लेकर तुम्हें कभी कुछ याद रहता है क्या? छोड़ो। ऐसे ही सर्दियों के दिन थे। तुम अपने मिनी–लॉन में बैठे हुए थे–जींस और सफ़ेद टीशर्ट में। पता है तुम्हारा नाम क्या सोचा था।" वह मज़े से मुस्कायी। उसे अच्छा भी लगा और हैरानी भी हुई कि यह लड़की कितनी जल्दी अपने पर क़ाबू पा लेती है। उसे समझ आना शुरू हो गया कि दुख जो आत्मा का ज़रूरी हिस्सा होता है, इसके साथ ही जीना पड़ता है। उसने अपने बाल कस कर बाँधे।

"तुमने पूछा नहीं कि उस दिन क्या नाम सोचा था। बताऊँ! जींस और टीशर्ट में मिडल एंड काउब्वॉय। ठीक उतरा न तुम्हारे ऊपर।"

नवीन ने न उसे बताया और न समझाया कि उसके लिए यह नाम सही है। वह तो शायद यौवन–काल से ही ऐसा–अधेड़ बूढ़ा–कोई निर्णय लेने और न लेने के बीच जी रहा। ऐसे लोगों के पास अपने ज़िन्दा रहने की अपनी शर्त नहीं होती–हमेशा दूसरों की शर्तों पर जी रहे लोग–जैसे वह, नवीन वर्मा।

चाहे उसने झूठ बोला कि वह दिन याद नहीं, लेकिन याद है। निम्मी ने काली शाल ओढ़ रखी थी जिसके कंट्रास्ट में उसके चेहरे का रंग

अतिरिक्त सफ़ेद लग रहा था। निम्मी जिस कुर्सी पर बैठी, सूरज बिल्कुल उसके सामने अटेंशन खड़ा था। निम्मी ने दो बार चेहरे पर हाथ फेरा, आँखों से धूप हटाने–भगाने के लिए। लेकिन वह वहीं रहा, सावधान की मुद्रा में, हिला तक नहीं। क्योंकि सूरज कभी किसी का कहा नहीं मानता। नवीन ने हाथ बढ़ाये, बाग–कुर्सी के गोलाकार लोहे को पकड़ा था और इसका कोण बदल दिया। अब सूरज निम्मी के कन्धे पर बैठ गया। सुनीता किताबें अन्दर रख बाहर लौटी, पिता के पास घास पर बैठ गयी थी। उसने निम्मी से पूछा, "चाय लेंगी?"

"हाँ। लूँगी। आपकी तरह किसी चीज़ को न लेना मेरा उसूल नहीं।" जवाब सुनीता को दिया।

"मैम। कोल्ड–वार अब तक जारी है क्या? पापा से झगड़ा हुए तो बीस दिन हो चुके। अठारह दिन के बाद तो महाभारत भी ख़त्म हो गया था। फिर कोल्ड–वार में मम्मी इनसे आज तक न जीत पायी, आप कहाँ जीतेंगी।"

वह चाय बनाने के लिए उठा। निम्मी ने उठकर कहा, "मैं बना दूँ।"

"मैम। आप बैठी रहें। पापा बहुत अच्छी चाय बनाते हैं।"

नवीन गिलासों में चाय लाया था। निम्मी ने चुस्की ली, स्वाद कुछ अलग लगा, "बड़ी थिक चाय है।"

"पापा ने अदरक के टुकड़े डाले होंगे। ही'ज़ किचन किंग। मैं सारी नयी चीज़ें बनाना इनसे सीखती हूँ।"

उसने हल्के व्यंग्य से पूछा था, "तुम्हारे पापा को और क्या–क्या आता है?"

"किसी को मनाने के सिवा पापा को सब कुछ आता है," यह जवाब देकर सुनीता एकदम चुप हो गयी। उसने पापा की गोद से हाथ उठा लिया, बगीचे की घास को घूरने लगी। उस दिन निम्मी के शरीर में एक सिहरन दौड़ी थी, डर से। क्योंकि उसने साफ़ महसूसा था कि बगीचे में कोई आया, जो दिखायी नहीं दिया लेकिन आया ज़रूर। उस किसी अदृश्य और आकारहीन के वहाँ आते ही सुनीता चुप हो गयी। नवीन बाग–कुर्सी में बैठे हुए भी कहीं और दौड़ गया। रहस्य की रस्सी का एक सिरा, खाई के बाहर वाला, उसने देख लिया। लेकिन सारा रहस्य जाने कैसे? खाई कितनी गहरी, अन्धी और अँधेरी होगी। सिर उठाकर देखा। सूरज उसके

कन्धे से उठकर चारदीवारी पर जा बैठा। नवीन की अधनंगी बाँहें काँपीं। उसने हाथों से बाँहों को रगड़ा। सुनीता तब तीख़ी आवाज़ में बोली थी, "पापा, इतनी सर्दी में सिर्फ़ टीशर्ट! डोंट ट्राई टू बी अ ही–मैन। बिकॉज यू कांट बी अ ही–मैन।" वह अन्दर गयी, लौटी, हाथ में चमड़े का कोट। नवीन उसे बच्चों के कपड़े न पहनने वाली मुद्रा में देख रहा था।

"उठो। हाथ ऊपर करो। बी अ गुड ब्वॉय", नवीन ने बाँहें पीछे कीं, सुनीता ने कोट पहना दिया। दोनों हँसे थे। निम्मी ने फिर साफ़ महसूस किया था कि वह कोई अदृश्य जो वहाँ आ बैठा था, उन दोनों के हँसते ही वहाँ से भाग गया। जाने क्यों उस जाग्रत–क्षण में निम्मी को पक्का विश्वास हो गया था जो कोई आकारहीन वहाँ आया था, अब चला गया, वह सुनीता की माँ, नवीन की पत्नी थी–जज साहब।

केवल कोई बात करने की गर्ज से निम्मी ने पूछा, "आज आप फ़ैक्टरी नहीं गये?"

"पापा रोज़ नहीं जाते। मैनेजर सब कुछ देख लेता है।"

"आप बिना काम के कैसे रह लेते हैं?" निम्मी को थोड़ा अजीब लगा। उसके अपने पिता रिटायर होने के बाद भी कोई–न–कोई काम तलाशते, करते हैं। नवीन ने उसकी बात का जवाब नहीं दिया, बेटी की ओर देखकर कहा था, "तुम्हारी मैम भी।" बेटी ने ख़ुश होकर पिता की बाँह पर मुक्का मारा। निम्मी को उसके जवाब का मतलब तक समझ नहीं आया था। उन दिनों उसे कहाँ पता था कि जज साहब नवीन को निकम्मा आदमी मानती हैं, सारा दिन पढ़ना, दोपहर के बाद फैक्टरी का कभी–कभार चक्कर काटना। लेकिन जब इन बातों का पता चल जाये तब क्या हासिल। निम्मी को अब मालूम हो गया है। तो फिर जिस काम के लिए वह सुनीता के साथ वहाँ आयी थी, उसके बारे में सुनीता से पूछा था।

"पापा! यंगर जेनरेशन की हिन्दी क्या होगी? वाद–विवाद प्रतियोगिता में बोलना है।"

"तुम्हारी हिन्दी इतनी कमज़ोर कब से हो गयी–युवा पीढ़ी।"

"नो पापा। यह तो यंग जेनरेशन का अनुवाद हुआ। कोई और शब्द गढ़ो न।"

उस दिन निम्मी को इस शब्द–खेल के बारे में पहली बार पता चला। नवीन ने आँखें बन्द कर सोचना शुरू कर दिया। सुनीता ने उसे बताया,

"मैंने डॉक्टर बाहरी वाला शब्दकोश देख लिया। कोई मज़ेदार शब्द नहीं मिला।"

नवीन ने उँगली से नाक मली। आँखें खोलकर मुस्काया।

"पप्पू पीढ़ी शब्द कैसा रहेगा!"

सुनीता ने उसकी बाँह पर फिर मुक्का मारा था।

"मज़ा आ गया। क्या शब्द कॉयन किया—पप्पू पीढ़ी! बिल्कुल फिट बैठ गया।"

उस दिन निम्मी को पहली बार पता चला कि शब्दों का एक अपना सुख होता है, सही शब्दों का।

उसने ठण्डे पानी से मुँह धोया, पोंछा और नवीन को बताया, "सुनो। मेरी शादी की बात पक्की समझो। लड़का अमेरिका में है।"

"कैसा है, देखा?"

"हाँ। बिल्कुल ही—मैन। तुम्हारी तरह नहीं। लेकिन अंग्रेज़ी बहुत मारता है। पेट्रोल को गैस और पेट्रोल पम्प को गैस—स्टेशन बोलता है।"

"देखती जाओ। डाइजेशन को डाइजेस्टन कहेगा और श्ड्यूल को स्केड्यूल। काम क्या करता है?"

"होगा गैस—स्टेशन पर गैस भरने वाला। मुझे अच्छा नहीं लगा।"

नवीन को डर लगा कि शादी की यह तीसरी बातचीत भी टूट न जाये। निम्मी एकटक देखती रही, फिर झटके से उठ ठहरी, "तुम मुझसे पीछा छुड़ाना चाहते हो, मुझसे ज़्यादा तुम्हें ख़ुशी हो रही है। क्यों? यू आर ए मीन सन ऑफ़ बिच।"

"अरे तुम्हें अभी से अमेरिकन गालियाँ आ गयीं। मैंने तुम्हारी ख़ुशी के लिए यह बात की है।"

"मेरी ख़ुशी को मारो गोली। तुम पीछा छुड़ाना चाहते हो। तो ठीक। वहाँ शादी हो न हो लेकिन अब तुम्हारे घर कभी नहीं आऊँगी। गुड—बाय।" वह उठी और कमरे से बाहर निकल गयी, दरवाज़ा धड़ाक से बन्द करते हुए। फिर लोहे के गेट के बजने की आवाज़ आयी। तो, गयी! उसने सिगरेट सुलगायी। उसका भय सही निकला कि जो मुलाक़ात ख़ुशी से शुरू होगी उसका अन्त दुखद होगा। उसके दिल से दुख का एक टुकड़ा बाहर सरक गया। ख़ाली जगह की टीस अभी तो महसूस होगी जब तक कोई दूसरा दुख उस ख़ाली स्थान को भर नहीं देता।

बाहर का लोहे का गेट खुलने की फिर आवाज़ आयी। बरामदे में तेज़ क़दमों की आहट। लौट आयी है। वह कमरे में आयी, उसकी साँस फूली हुई। बरस पड़ी।

"तुम कितने कमीने हो। एक बार भी मुझे रोक नहीं सकते थे।" उसने निम्मी को दोनों हाथों से पकड़ा, अपने पास बैठाया, उसकी नाक को छुआ। दुख का जो टुकड़ा अभी–अभी बाहर निकला था, अपने स्थान पर वापिस आ बैठा।

"मैं उस ग़ैर और गैस–स्टेशन वाले से शादी नहीं करूँगी। साला। प्यार भी अंग्रेज़ी में करेगा।" उसने निम्मी के सिर पर हाथ रख दिया। वह उसकी नाक को छेड़कर बोली, "सुनो। मैं तुम्हें बहुत दुख देती हूँ न।" दिल में बैठा दुख का टुकड़ा और फैल गया। वह अन्दर तक हिल गया। उसका सिर कसकर अपने कन्धे से भींच लिया। निम्मी ने उसके ऊपर वाले होंठ पर आ गया पसीना पोंछा। उसने फिर उसका कान छुआ, "अब मैं तुम्हें एक ख़ुशख़बरी दूँ। जज साहब पन्द्रह दिन के लिए रूस जा रही हैं, किसी क़ानूनी कॉन्फ्रेंस में।"

"कितने कमीने हो, पहले क्यों नहीं बताया। लैट दैट अमेरिका वाला गो टू हैल। हम दोनों किसी पहाड़ पर चलेंगे। पहली बार साथ रहेंगे।"

उसने पहले सोचा कि निम्मी को बताये कि वह पहाड़ पर कभी नहीं जाता। पहाड़ उसके लिए अशुभ है। लेकिन यह लड़की इस मूर्ख विश्वास को क्योंकर मानेगी। लेकिन कुछ दिन सम्पूर्ण जीने की उत्कट इच्छा उसे भी तो है।

"कौन–से पहाड़ पर चलेंगे?" उसने उत्साह से पूछा।

"चैल ठीक रहेगा," उसने सोच–समझकर चैल का चुनाव किया। पूरा पहाड़–सा है नहीं, इसलिए शायद पूरा अशुभ न हो।

"यह कोई पहाड़ हुआ," वह तुनक गयी।

"सुनो। तुम निर्मल वर्मा का पीछा कब छोड़ोगी।"

"जल गये। उसकी वजह से ही हम इतने पास आये। याद है कि नहीं। जब पहली बार तुम मेरे घर आये तो मैं निर्मल वर्मा की 'एक चिथड़ा सुख' पढ़ रही थी।"

उसे अच्छी तरह याद है। जिसके कारण दुख की शुरुआत हो उसे क्या कभी भूला जा सकता है।

उस दिन वह सुनीता के साथ बाज़ार गया था। कार सुनीता चला रही थी, एक छोटे–से मकान के आगे रोक दी।

"निम्मी मैम का घर है। पन्द्रह दिन से बीमार हैं, देख लें।"

"पापा। किसी का हाल–चाल पूछने से आपका क़द छोटा नहीं हो जायेगा। चलो। आप भी चलो।" वह न चाहते हुए भी बेटी के साथ अन्दर गया।

निम्मी बिस्तर पर आँखें बन्द किये लेटी थी। गुमसुम और किसी लम्बी यात्रा से लौट आने की थकान से भरी हुई। सुनीता ने जब 'गुड इवनिंग मैम' कहा तो उसने आँखें खोलीं। नवीन को साथ देखकर पहले हड़बड़ा गयी। फिर उसका चेहरा पीले आलोक से धुल गया। उसकी माँ ने अन्दर आकर नमस्ते की। चाय के लिए पूछा तो निम्मी ने माँ को बताया–"मम्मी। सिर्फ़ चाय लाना। खाने के लिए कुछ नहीं चाहिए", यह बताते हुए निम्मी की आवाज़ में न बैर था, न आहत क्रोध, एक तथ्य को स्वीकार कर लेने की समझ।

"पापा। मैं अभी आयी। आप बैठो", उन दोनों को छोड़कर सुनीता बाज़ार से सामान लेने निकल गयी।

नवीन ने उसके सिर के पास कुर्सी खिसकायी। सहज भाव से उसे माथे पर छूकर बुख़ार देखने के लिए हाथ रखा। बहुत गर्म। निम्मी ने आँखें बन्द करते हुए कहा, "हाथ हटाइए मत। लगता है आपका हाथ बुख़ार सोख रहा है।" नवीन को साफ़ महसूस हुआ कि माथे की तपिश उसकी हथेली से होती हुई उसकी सूखी आत्मा में प्रवेश कर गयी। उसके रक्त ने निम्मी के रक्त की पुकार फिर सुनी, फिर ग्रहण की। ख़तरे का पूर्वाभास उसे हमेशा हो जाता है। उसके माथे से हाथ हटाने लगा, निम्मी ने उसका हाथ खींचकर फिर अपने माथे पर रख लिया। उसकी आत्मा के ख़ाली सन्दूक में सुख की बूँदें भरने लगीं, वह बिल्कुल डर गया। उसकी माँ चाय लेकर आयी, तब नवीन ने निम्मी के माथे से हाथ उठा लिया। जब माँ से बीमारी के बारे में पूछा तो उसने उदास आवाज़ में बताया, "इस लड़की के सारे काम उलटे हैं। लोगों को सर्दियों में टायफ़ायड या निमोनिया होता है, इसे हमेशा गर्मियों में। भगवान जाने इसका बनेगा क्या।"

माँ कमरे से गयी तो नवीन को निश्चय हो गया कि इस लड़की का सचमुच कुछ नहीं बनेगा। उसने निम्मी के सिर के नीचे हाथ रखकर उसे

आधा उठाया, तकिया ठीक किया तो नीचे एक किताब दिखी। उसके उठाने से पहले वह बोली, "निर्मला वर्मा की 'एक चिथड़ा सुख' है। तीसरी बार पढ़ रही हूँ।"

अब नवीन को पक्का विश्वास हो गया कि इस लड़की के भाग्य में सचमुच दुख ही दुख लिखा है क्योंकि जो कुछ हमें बेहद अच्छा लगे हमारे भाग्य में प्रायः वही कुछ ठग जाता है। दुख तो हमेशा घात लगाकर चौखट के पास रहता है, अन्दर आने के लिए।

"आपको निर्मल अच्छा नहीं लगता।"

"लगता है। लेकिन कुछ किताबें। और कुछ बहुत घातक होते हैं। इन्हें जितनी बार पढ़ें उतना ज़्यादा दुख देते हैं।"

"कैसे!" वह हैरान कि किताबें क्योंकर घातक हो सकती हैं।

"जैसे शरतचन्द्र का 'देवदास', ओ'नील के लगभग सारे नाटक और निर्मल की 'एक चिथड़ा सुख'। ये लेखक मृत्यु–कामना, डेथ–विश से ग्रस्त हैं। जो दुख को इस आख़िरी सीमा तक प्यार करें वे सिर्फ़ दुख ही दे सकते हैं। और जब हम इनके पात्रों से अपने को जोड़ लें तब हम भी उनके काले भाग्य के साझेदारी बन जाते हैं।"

"ठीक कहा। लेकिन मैं तो तीसरी बार पढ़ूँगी।"

"ज़रूर पढ़ो। शेक्सपियर ने कुछ लोगों के बारे में ठीक ही कहा है–सो स्वीट वाज़ नैवर सो फ़ैटल," और वह वहाँ से उठ गया था।

निम्मी निश्चय नहीं कर पायी थी कि यह बात नवीन ने उसके लिए कही अथवा निर्मल के लिए। लेकिन उस दिन से उसके भी असली दुख के दिन शुरू हो गये–उसके हिस्से में भी आया तो नवीन–'एक चिथड़ा सुख'।

निम्मी ने उसके नाक को छुआ–वह अतीत से वर्तमान में लौट आया–काले अतीत से काले वर्तमान में। निम्मी ने उसे छेड़ा।

"सुनो। मैं पास होती हूँ और तुम मुझे छोड़कर चले जाते हो। छोड़ने की इतनी जल्दी क्यों मच गयी। दिल पक्का कर लो। मैं उस अमेरिका वाले को न कर रही हूँ। हुँह। गैस–स्टेशन।"

बाहर दीवार पर लटका टीन का डैनिस फिर लड़खड़ाया, हवा ने फिर उसे तंग करना शुरू कर दिया।

"सुनो। तुमने कॉलरिज की 'एंशियेंट मेरिनर' पढ़ी है न।" उसने हाँ में सिर हिलाया।

"आज देखते हैं तुम्हारा शब्द–खेल। लाइफ़–इन–डैथ की हिन्दी बताओ। और सुनो। जीते ही मरना जैसा चीप मतलब मत बताना।"

उसने आँखें बन्द कीं, मस्तिष्क–मन की सारी शक्तियों का ज़ोर मारा लेकिन लाइफ–इन–डैथ शब्द टस–से–मस नहीं हुए। वह हार गया। उसे आज इस सत्य का पता चल गया कि कुछ शब्द और कुछ सत्य हमारी पकड़ में कभी नहीं आते, शहद की मक्खी की तरह कानों के पास भिनभिनाते रहेंगे, न दूर जायेंगे, न हाथ आयेंगे।

"सुनो नवीन। क्या हम एक–दूसरे से मुक्त नहीं हो सकते।"

"हो सकते हैं। लेकिन मुक्ति तो मृत्यु के बाद मिलती है न।"

"तो चलो। आँखें बन्द करो। हम मरने की प्रार्थना करेंगे।"

"प्रार्थना स्वीकार हो यह ज़रूरी तो नहीं", उसने छेड़ा।

"अपने लिए कुछ माँगें तो नहीं मिलता। मैं तुम्हारे मरने की कामना करूँगी और तुम मेरे करने की। कहते हैं दूसरों के लिए कुछ माँगो तो प्रभु दे देते हैं।"

वह एकटक देखता रहा। दीवार पर टँगे डैनिस ने भी शोर मचाना बन्द कर दिया। हवा साँस रोके उनकी प्रार्थना की प्रतीक्षा में–इस प्रार्थना को अपने कन्धों पर बैठा कर भगवान तक ले जायेगी।

"आँखें बन्द करो। या तो मुझे लाइफ़–इन–डैथ की हिन्दी बताओ या हम एक–दूसरे की मृत्यु कामना करेंगे।"

दोनों ने आँखें बन्द कीं। दोनों ने प्रार्थना की लेकिन झूठी–एक दूसरे के मरने की नहीं, अपने मरने की। शायद दोनों को पता नहीं कि आजकल प्रभु सच्ची प्रार्थना स्वीकार नहीं करते, झूठी कहाँ करेंगे। लेकिन हवा को उनके इस झूठ का पता चल गया, गुस्से में आकर फिर टीन के डैनिस पर हल्ला बोला और बरामदे से बाहर निकल आयी। अब सुनाई दे रही है तो केवल दीवार से टकराकर टीन के डैनिस की आवाज़–खड़–खड़–खड़।

सड़क आगे नहीं जाती

आवाज़ कार या टैक्सी की है। अभी यहाँ से दूर है, लेकिन इसके पहुँचने का पता पहले से चल गया है, क्योंकि पहाड़ियों की गूँज ने इस आवाज़ को फुटबॉल की छोटी–छोटी उछालों में आगे फेंका है। कार या टैक्सी होटल की तरफ़ ही आयी है, क्योंकि सड़क इस होटल पर आकर ख़त्म हो जाती है–द डैड एंड।

इस बीते गये मौसम में क्या कोई यहाँ ठहरने आ रहा है? इस बार का सीजन तो बिल्कुल बर्बाद रहा। गर्मियों का मौसम शुरू देर से हुआ और ख़त्म जल्दी हो गया। पहाड़ों के होटलों, दुकानदारों का सीजन तो सिर्फ़ चार महीने लगता है। इस बार वह भी नहीं लगा। मई तक तो मैदानों में बारिश होती रही, कोई यहाँ क्योंकर आयेगा? इस बार की अनहोनी ख़बर यह भी है कि मई में यहाँ बर्फ़ भी पड़ी। जून में लोग आना शुरू हुए तो दो हफ़्ते बाद यहाँ बारिशें टूट पड़ीं। लोग लौट गये। मौसम की इस साज़िश के ख़िलाफ़ अख़बारों में लेख आये; ख़ाली होटलों, दुकानों के फ़ोटो छपे, लेकिन मौसम क्या कभी अख़बारों से डरता है?

अब आवाज़ की फुटबॉल उछलकर होटल के बड़े दरवाज़े के अन्दर आ गयी। रिसेप्शन पर बैठे असिस्टेंट ने अपनी टाई ठीक की, जो पहले से ही ठीक है। मैनेजर होटल के सामने के बहुत बड़े मैदान में टहल रहा है–पेड़ों से गिरे पत्ते होटल के नौकरों से उठवाता हुआ। घास की हरी चादर पर एक पत्ता भी गिरा हुआ दिख जाये तो उसकी नाक चढ़ जाती है।

सफ़ाई उसका हठ, ऑब्सेशन है; क्योंकि रिटायर्ड सैनिक अफ़सर है, लेकिन न पेड़ उससे डरते हैं, न गिरते हुए पत्ते। वैसे इस बार मौसम से पहले ही पत्ते गिरना शुरू हो गये हैं, वर्ना सितंबर में तो यहाँ रंग–बिरंगे फूलों के झुण्ड शरारती ख़ूबसूरत लड़कियों की तरह मटकते रहते हैं, लेकिन इस साल मौसम धोखा देने पर उतारू है।

टैक्सी है। होटल के पोर्च में रुकी। मैनेजर ने टैक्सी का नंबर देखा। इस प्रदेश की नहीं, दिल्ली की है। आमतौर पर लोग यहाँ तक बस में आते हैं, अड्डा कोई दो किलोमीटर दूर। वहाँ से टैक्सी लेते हैं; होटल तक आते हैं, और अपने रईस होने के भ्रम पर ख़ुश होते हैं। इतनी दूर से जो लोग टैक्सी पर आये हैं, लगता है, बहुत दिन ठहरेंगे।

पहले मर्द बाहिर निकला, फिर उसने हाथ बढ़ा अन्दर बैठी औरत का हाथ थामा, उसे बाहिर निकाला। उसका हाथ छोड़ा, कन्धे के पिछले हिस्से पर हाथ रखा, और उसे सहारा देकर बरामदे के अन्दर ले आया। मैनेजर भी टहलता हुआ अन्दर आ गया। औरत के चेहरे के उड़े हुए रंग को देखकर अंदाज़ा लगाया कि पहली बार पहाड़ आयी है, रास्ते में इसे ज़रूर उल्टियाँ आयी होंगी, तभी इसकी साँस फूली हुई। औरत सोफ़े पर आँखें बन्द किये लेट गयी।

जब से नया मैनेजर आया है, उसकी आज्ञा है कि सैलानी जब रिसेप्शन में पहुँचें तो पहले उन्हें गर्म–गर्म चाय दी जाये, दूसरे होटलों की तरह नाम–पतेवाला रजिस्टर उनके सामने न किया जाये। और वैसे भी यहाँ कितने सैलानी आते हैं? कोई शिमला तो है नहीं! न मॉल, न दुकानें, न चहल–पहल। सरकार ने दिवालिया हो गये महाराजा का महल ख़रीदा और उसे होटल में तब्दील कर दिया। जवान–जोड़े तो शिमला जायेंगे। यहाँ आमतौर पर बड़ी–बड़ी कम्पनियोंवाले आते हैं, पूरा आराम करने के लिए।

बैरा चाय की ट्रे लेकर इन दोनों के सामने खड़ा हुआ। मर्द ने अपना प्याला उठाया, घूँट लेने के लिए ऊपर किया, साथ के सोफ़े पर आँखें मूँदकर लेटी औरत को देखा और प्याला नीचे कर लिया। उसने अपनी छोटी उँगली से उस औरत की मोटी नाक के सिरे को छुआ। औरत ने आँखें खोलीं, 'क्या है' वाली निगाह से उसे देखा। मर्द ने छेड़ने वाली आवाज़ में कहा–"चाय मेमसाहब", और प्याला उसकी ओर बढ़ा दिया। वह मुस्कुरायी। उसका थका हुआ चेहरा एकदम धुल गया। और दोनों चाय पीने लग पड़े।

अब मैनेजर उनके पास पहुँचा, अपना परिचय दिया। वह आदमी मैनेजर की हैंडलनुमा मूँछों को देखता है और थोड़ा–सा हैरान होता है क्योंकि बड़ी मूँछें रखने का रिवाज़ अब इस देश में लगभग ख़त्म हो गया है। फिर होटल–मैनेजर ने बताया कि वह पहले सेना में मेजर था। रिटायर

होने से पहले होटल–मैनेजमेंट का कोर्स कर लिया और यह नौकरी मिल गयी। फिर सफ़ाई पेश की–"तीस साल हो गये इन मूँछों को पालते। अब साहब, नौकरी के पीछे मूँछें साफ़ कराना तो मुश्किल है न?"

दोनों चाय ख़त्म करते हैं। रिसेप्शनिस्ट उनके पास नाम–पता दर्ज करने वाला रजिस्टर लाया। उस आदमी के हाथ में पेन पकड़ाया। वह रजिस्टर पर 'वर्मा' लिखता है, वापिस पकड़ाता है। मैनेजर ने उसे देखा, साथ बैठी लड़की को देखा, रजिस्टर देखा। कहता कुछ नहीं। वह आदमी रजिस्टर फिर लेता है और एक वचन को बहुवचन में बदलता है; 'वर्माज' लिखकर रजिस्टर वापिस कर दिया। मैनेजर समझ गया कि साथवाली लड़की वर्मा की पत्नी नहीं। चाहे उसने वर्मा को वर्माज बना दिया है।

लड़की उठी। क़दम उठाती है, लड़खड़ाती है। इससे पहले कि नीचे गिरे वह आदमी झटके से उठा, उसे कन्धों ने पकड़ लिया–

"फिर आयी?"

"हाँ नवीन", वह आदमी उसे दरवाज़े से बाहर ले गया। कै करने की आवाज़ें अन्दर तक आ रही हैं।

दोनों अन्दर लौटे। वर्मा ने उसे लम्बे सोफ़े पर लिटा दिया। लड़की ज़ोर–ज़ोर से साँसें ले रही है। वह मैनेजर से पूछता है–

"डॉक्टर है?"

मैनेजर ने उसे बताया कि सीजन में होटल में डॉक्टर होता है, लेकिन आजकल नहीं।

"लेकिन आप चिन्ता न करें। मेरी बेटी आजकल यहीं है, डॉक्टर है", और उसने बैरे को अपनी डॉक्टर बेटी को बुलाने के लिए कहा।

दो मिनट में मैनेजर की लड़की डॉक्टरोंवाला बैग उठाये वहाँ आयी। पीछे तितलियों की तरह मटकती दो बच्चियाँ, उसकी लड़कियाँ। पिता बेटी से उस आदमी का परिचय कराता है। नवीन वर्मा। मेरी बेटी–कपिला ग्रेवाल।

लड़की वर्मा को देख़ती है। चेहरा लाल सुर्ख़ है, गालों पर जैसे दहकते अंगारे रखे हों। कनपटियों के बाल बिल्कुल सफ़ेद–उसकी उमर की चुगली करते हुए। ज़रूर पचास के आसपास है। कपिला ने नोट किया कि वर्मा के ऊपरवाले होंठ पर, नाक के आसपास पसीना चमक रहा है। उसकी नब्ज़ देखने के लिए हाथ आगे बढ़ाया।

"अरे यह नहीं। उधर", मैनेजर सोफ़े पर लेटी लड़की की ओर इशारा करता है। एक बच्ची ने माँ की ओर इशारा किया, दूसरी को कहा–"माँ बुद्धू!" दोनों की हँसी कमरे में तैरी, फिर बड़े दरवाज़े से बाहर निकल गयी।

डॉक्टर कपिला ने सोफ़े पर लेटी लड़की को देखा, वर्मा को देखा, और फिर उस लड़की का हाथ अपने हाथ में ले लिया। हाथ बिल्कुल ठण्डा। बैग खोलकर रक्तचाप देखने का सामान बाहर निकाला।

एक बच्ची कहती है– "कुर्ता मैं ऊपर करूँगी।"

दूसरी ने कहा–"बाँह मैं पकड़ूँगी", और दोनों अपना काम शुरू कर देती हैं।

"आपका नाम क्या है?"

"निम्मी!"

"बहुत बार बॉमिटिंग हुई है क्या?"

"कालका से पहले शुरू हो गयी थी। तीस–चालीस हो चुकी होंगी।"

कपिला ब्लडप्रेशर देखती है, उसकी पतली–सी नाक सिकुड़ी, सख़्त आवाज़ में वर्मा से पूछा–

"रास्ते में दवाई क्यों नहीं ली?"

वर्मा कोई जवाब नहीं देता। सिर नीचे झुका।

"आपको पता नहीं इसे कोई गर्म कपड़ा पहनने को देना था। कालका के बाद सर्दी नहीं लगी क्या?"

वर्मा अब भी कोई जवाब नहीं देता। दोनों बेटियाँ एक–दूसरे का हाथ पकड़े खड़ी हैं, माँ को डरी–डरी आँखों से देखतीं, उसके ग़ुस्से से वाक़िफ़।

कपिला ने अपनी शॉल उतारी। दोनों लड़कियाँ निम्मी के कन्धों के नीचे हाथ रख उसे थोड़ा–सा ऊपर उठाती हैं, माँ शॉल कसकर लपेट देती है।

"बहुत बीमार है क्या?" वर्मा की दबी आवाज़।

"हाँ, बहुत बीमार है", कपिला की इल्जाम लगाती आवाज़, "ब्लडप्रेशर बिल्कुल नीचे आ गया है। ग्लूकोज चढ़ाना होगा।"

वर्मा उठकर सोफ़े के पास आया, निम्मी की आँखों को उँगली से बारी–बारी छूता है। उसने आँखें खोलीं। नवीन के ऊपरवाले होंठ पर आये पसीने को उँगली से साफ़ किया–

"प्लीज नवीन! डोंट वरी।"

"मिस्टर नवीन, आप अपनी जगह बैठ जायें। डोंट डिस्टर्ब हर।" कपिला की आवाज़ कड़ी हो गयी। दोनों लड़कियाँ फिर एक–दूसरे का

हाथ पकड़ लेती हैं, डरी–डरी आँखों से नवीन वर्मा को देखती हुईं। माँ इस पर बरसी कि बरसी!

वह पहली बार सिर उठाकर कपिला को देखता है। उसका चेहरा कस गया, उसके गले की दाँयीं ओर की नस फड़क रही है, एक साँस चढ़े परिन्दे के पेट की तरह। आँखें बन्द लेटी निम्मी को कमरे में फैल रहे गुस्से की गन्ध आ गयी। उसने आँखें खोलीं, नवीन के गले की फड़कती नस को देखा, लेटे–लेटे हाथ लम्बा किया, नवीन की बाँह को छुआ और उसके गले की नस का फड़कना बन्द हो गया। गुस्सा किसी डरे हुए जानवर की तरह कमरे से बाहिर निकल गया, लेकिन बाहर जाते–जाते कपिला को छू ज़रूर जाता है।

"कहाँ ठहरना पसन्द करेंगे? होटल में या बाहर बनी कॉटेज में!" मैनेजर।

इससे पहले कि नवीन जवाब दे, कपिला अपने पिता को कहती है, लेटी लड़की की ओर इशारा करते हुए–

"निम्मी को तो पापा आज अपनी कॉटेज में रखना होगा। शी नीड्ज़ कॉन्स्टैंट केयर।"

नवीन और मैनेजर को समझ आ गया कि डाक्टर ने अपने पेशेंट का चार्ज सँभाल लिया। मैनेजर नवीन को बताता है कि कॉटेज दो कमरों की है, किचन भी है, चाहें तो खाना ख़ुद पका सकते हैं। खाने की बात सुनकर लेटी लड़की बिना आँखें खोले बोली–

"मैं खाना–वाना नहीं पकाऊँगी।"

"खाना वग़ैरह होटल से भी मँगवा सकते हैं," मैनेजर।

कपिला ने बाप को घूरा। डाँटा।

"डोंट बी सिली, पापा! आपको खाने की पड़ी है? इतनी समझ नहीं कि निम्मी से बिल्कुल बात नहीं करनी। शीज़ वेरी सिक।"

दादा को डाँट पड़ती देखकर दोनों बच्चियों ने एक–दूसरे का हाथ छोड़ दिया। हँसी की तितलियाँ फिर से उनके होंठों पर आ बैठती हैं। नवीन ने मैनेजर से पूछा–

"क्या आसपास कोई हॉस्पिटल है। अगर ज़रूरत पड़े..."

मैनेजर उसे बताता है कि पास ही मिल्ट्री स्कूल है। उनका अपना छोटा–सा हस्पताल है। ज़रूरत पड़ेगी तो वहाँ निम्मी को ले जा सकते हैं। फिर नवीन को हौसला देने के लिए कहा–

"कपिला एम.डी. है। मेडिकल अफ़सर है सिविल हास्पिटल में। शीज़ कैपेबल ऑफ हैंडलिंग दिस केस।"

"अच्छा, निम्मी को कॉटेज में ले चलो, पापा। मेरी तारीफ़ें फिर कभी कर लेना।"

नवीन ने निम्मी के कन्धे को छूकर उठने के लिए कहा। पूछा कि क्या डॉक्टर की कॉटेज तक चल लेगी। वह 'हाँ' में सिर हिलाती है।

"इन्हें चलना नहीं है, उठाकर ले चलिए। शीज़ वेरी वीक, गिर सकती हैं, फेंट हो सकती है," कपिला ने आज्ञा देने वाली आवाज़ में कहा।

नवीन झुकता है, एक बाँह उसके कन्धों के नीचे डालता है, निम्मी उसके दूसरे हाथ को पकड़कर कहती है–

"नहीं। तुम मत उठाओ।"

नवीन ने उसके कन्धों के नीचे से बाँह खींच ली।

इससे पहले कि बेटी फिर से फट पड़े, मेजर निम्मी को अपनी गोदी में उठा लेता है, इतनी आसानी से जैसे वह कोई गुड़िया हो। दोनों बच्चियों ने ताली बजायी।

"ग्रैंडपा इज़ सुपरमैन, सुपरमैन। सुपरमैन," और अपने दादा के पीछे–पीछे भाग लेती हैं।

कपिला ने नवीन को नीचे से ऊपर तक देखा। बिल्कुल स्वस्थ आदमी। कहीं पर भी रत्ती–भर फालतू माँस नहीं, जो अक्सर इस उमर के आदमियों पर चढ़ जाता है। गालों पर दहकते अंगारे भी उसकी अच्छी सेहत की चुगली खाते हुए। इतना दमकता चेहरा डॉ. कपिला ने कम ही देखा है। फिर निम्मी ने उसे उठाने के लिए मना क्यों कर दिया? अपने के लिए इतना दर्द? इस लिजलिजे भावुक दर्द की बात मन में आते ही कपिला का चेहरा कठोर हो गया। नवीन ने उसके चेहरे पर के भावों से उसकी भावना को पढ़ लिया।

"डॉक्टर कपिला! आप उसकी बात का बुरा मत मानें। शीज़ अ सिली गर्ल।"

कपिला नवीन की कनपटी के सफ़ेद बालों को देखती है जैसे उसकी और निम्मी की आयु के अन्तर को बताने के लिए–

"येस। शीज़ अ सिली गर्ल।" और वह होटल के दरवाज़े से बाहर निकल गयी। अपनी कॉटेज की तरफ़। पीछे–पीछे नवीन।

मेज़र ने निम्मी को बेडरूम में लिटा दिया। लाल रंग का कम्बल उसने गले तक ओढ़ा हुआ। लाल कम्बल के कॉन्ट्रास्ट में निम्मी का चेहरा बिल्कुल सफ़ेद लग रहा है। नवीन के पैर दरवाज़े पर ही जम गये। कपिला ने उसके चेहरे पर बैठे भय को देखा। पहली बार हौसला देने वाली आवाज़ में कहा–

"आप फ़िक्र मत करें। मैंने इंजेक्शन दे दिया है। अब कुछ धण्टों तक सोयी रहेगी। कल शाम तक चलना–फिरना हो जायेगा।"

दोनों बच्चियाँ निम्मी के बिस्तर के पास रखे सोफ़े पर बैठीं। लगातार उसके सफ़ेद पड़ गये चेहरे को देख रही हैं। एक कहती है–

"मम्मी, बिल्कुल फेयरी है।"

दूसरी बोली–"मम्मी, जल्दी ठीक हो जायेगी न?"

"बक–बक मत करो। बाहर जाकर खेलो। डोंट डिस्टर्ब हर!"

दोनों बच्चियाँ बाहर भाग गयीं।

मेज़र नवीन को चाय पीकर जाने के लिए कहता है। वहीं से अपनी बेटी को आवाज़ दी कि चाय के लिए उसका इन्तज़ार हो रहा है। कपिला ने पाँच मिनट में आने के लिए कहा।

"आपकी बेटी है ग़ुस्सेवाली।"

"नवीन साहब, सिर्फ़ फ़ौजी की बेटी नहीं, फ़ौजी की बीवी भी है। हुक्म चलाने की आदत इसे शुरू से है," आख़िरी बात करते हुए मेजर की आवाज़ कहीं दब–सी गयी। नवीन को लगा, कोई दुखदाई बात है या होने वाली है। मेज़र ने ख़ुद ही बात आगे बढ़ायी–

"कपिला का हस्बैंड एयरफ़ोर्स में विंग कमांडर है। डैकोरेटड अफ़सर। वह भी बहुत तेज़ नेचर का है, और..." उसकी बात पूरी करने से पहले कपिला चाय की ट्रे लेकर अन्दर आयी। पिता की बात बीच में ही छोड़ते उसने सुन लिया।

"क्यों पापा? फिर ले बैठे मेरा और उसका क़िस्सा। आपको हर किसी से..."

"नहीं बेटे! मैं तो कुछ नहीं कह रहा था। बस नवीन साहब को बता रहा था कि ग्रेवाल एयरफ़ोर्स में है।" नवीन ने भी उनकी बात ठीक होने की गवाही में सिर हिला दिया। कपिला ने चाय प्यालों में डाली।

"डॉक्टर कपिला! एक बात कहूँ? मर्दों की थोड़ी बहुत चापलूसी करनी चाहिए। चाहे ऊपर से ही। ए पैम्पर्ड हस्बैंड इज ए हैपी हस्बैण्ड।"

कपिला बताती है कि ग्रेवाल आदमी नहीं, ग्रेनेड है। पिन निकला–कि–निकला और फटा–कि–फटा। आज शाम आ रहा है। घर में एक साल से तनाव। शायद अब डाइवोर्स ही हो जाये।

"देखो डॉक्टर! आदमी कार चला रहा हो तो अपने को थोड़ा ऊँचा महसूस करता है। फिर आपका पति तो फाइटर–पायलेट है। सारे आसमान का मालिक होना कहीं तो हमें ऐरोगेंट बनायेगा ही। ऐसे मर्दों की थोड़ी–सी ख़ुशामद करके उन्हें ख़ुश रखते हैं। लैट हिम फ़ील सुपीरियर।"

इससे पहले कि कपिला बोले मेजर साहब ने जवाब दिया–

"इसमें और बच्चों में उसकी जान है, लेकिन बेटी है कि नाक पर मक्खी तक नहीं बैठने देती..."

"हाँ, आपको और गैरी को सारे क़सूर मुझमें ही दिखते हैं। और वह जब पीना शुरू करता है..."

नवीन ने उसे समझाया–"वैसे मेरा कोई हक़ तो नहीं आपको समझाने का, लेकिन सारे झगड़ों की जड़ बीवी की यह ज़िद होती है कि वह पति को पूरे–का–पूरा बदलकर रहेगी। कोई जैसा भी है, थोड़े बहुत तालमेल के साथ अगर उसे हम वैसा ही रहने दें तो दूसरे की ईगो हर्ट नहीं होती। वह ड्रिंक करता है न ? ठीक! आज आये तो अपने हाथ से पैग बनाकर देना। देखना पियेगा भी कम और कितना ख़ुश भी होगा।"

कपिला पहली बार मुस्करायी।

"आपका मतलब है कि सारे मर्द बेवकूफ़ होते हैं।"

"न भी हों तो उन्हें बेवकूफ़ बनाना आसान होता है।"

बच्चियाँ भागकर अन्दर आ गयीं। नवीन की कुर्सी के पास खड़ीं। एक–दूसरे की ओर देखते, पहले तुम पूछोवाले भाव से। एक ने दूसरी को कोहनी मारी।

"अंकल आप क्या करते हैं?"

"अंकल आपके पास कार है?"

"अंकल आपको प्लेन उड़ाना आता है?"

"अंकल आप टेनिस खेलते हैं?

कपिला डपटती है।

"स्टॉप इट। इतने सवाल एक बार ही नहीं पूछे जाते।"

नवीन उन्हें बताता है–

"नहीं बेटी, मुझे प्लेन उड़ाना नहीं आता।"

"ओ! माई पापा इज़ द बेस्ट फ़ाइटर पायलेट।"

"न बेटे! मुझे लड़ना भी नहीं आता। आई एम नो फ़ाइटर।" यह बात नवीन ने उदास–सी आवाज़ में कही। उठा।

मेज़र भी उठा–"चलिए, आपको कॉटेज दिखा दूँ।"

शाम को नवीन मेजर साहब की कॉटेज में आया। कपिला ने बताया है कि निम्मी की हालत जल्दी से सुधर रही है। थोड़ी–सी खिचड़ी दी थी, उसके पेट में टिक गयी। वॉमिटिंग नहीं हुई। कल तक चल–फिर लेगी। फिर वह उसे बेडरूम में ले गयी। निम्मी आँखें मूँदे लेटी है, सुबहवाला लाल कम्बल ओढ़े हुए। उसका चेहरा उतना सफ़ेद नहीं दिख रहा जितना सुबह था। नवीन ने उसकी आँखों को उँगली से छुआ। वह पहले मुस्करायी, फिर आँखें खोलीं। कपिला पहली बार नोट करती है कि निम्मी का एक निचला दाँत टेढ़ा है। निचले होंठ से बाहर निकलता हुआ। इससे पहले कि नवीन कुछ पूछे, निम्मी बोली–

"तुम बहुत परेशान मत होना। डॉक्टर कपिला कहती हैं, कल तक ठीक हो जाऊँगी।" इस एक वाक्य को बोलते हुए वह थक गयी। फिर से आँखें मूँद लीं। कपिला को फिर ग़ुस्सा आ गया। कैसी लड़की है? बीमार ख़ुद है और एक स्वस्थ आदमी को हौसला दे रही है। इन दोनों में क्या सम्बन्ध है? पापा बता चुके हैं कि निम्मी नवीन की पत्नी नहीं। दोनों की आयु में बीस साल का अन्तर तो ज़रूर होगा। नवीन भी ऐयाश क़िस्म का मर्द नहीं लगता कि किसी ऐसी–वैसी लड़की को चन्द दिन मौज–मस्ती के लिए यहाँ लाया हो। तो क्या दोनों शादी की सोच रहे हैं? सवाल इतने सारे हैं, लेकिन जवाब तो नहीं पूछे जा सकते। फिर पापा ने बताया था कि इस तरह के 'जोड़े' अक्सर होटलों में आते रहते हैं। होटलवालों को कोई भी सवाल न पूछने की आदत हो जाती है।

कॉटेज के गेट के अन्दर कार दाख़िल होने की आवाज़ आयी। अन्दर का रास्ता सिर्फ़ पचास मीटर लम्बा। फिर बिल्कुल नब्बे के कोण पर दाँयें मुड़ता है, सिर्फ़ दस मीटर के लिए। इस कोण पर फिर दाँयें मुड़ता है, आगे पोर्च। गाड़ी खड़ी करने के लिए। नवीन जानता है कि पोर्च तक

पहुँचने के लिए कार की गति कम–से–कम तीन बार कम होगी, तीन बार गियर बदलेंगे, तब कार पोर्च में दाखिल होगी। गति टूटने के बजाय बढ़ने की आवाज़ आती है, इंजन किसी घायल जानवर की तरह दहाड़ता है। नवीन का शरीर कस गया। कार ज़रूर रास्ते के किनारे लगी बाढ़ को तोड़ती हुई नीचे खड्ड में गिरेगी। वह लगभग भागता हुआ बरामदे में पहुँचता है। कार ने एक तरफ़ के दो पहियों पर नब्बे के कोणवाला दूसरा मोड़ काटा, झटके के साथ पोर्च के नीचे पहुँचती है और इंजन एक लम्बी दहाड़ के साथ ख़ामोश हो गया। नवीन देखता है कि बच्चियों के चेहरे पर डर का नामोनिशान नहीं। इससे पहले कि उनका पिता कार के बाहिर निकले, वह दोनों कार का दरवाज़ा खोलकर अगली सीट पर कूद गयीं। पिता की गोद में पहले चढ़ने की होड़ लग गयी। ग्रेवाल दोनों बच्चियों को एक साथ उठाकर नीचे उतरा। वह उसकी बाँहों से लटक रही हैं। कपिला उसे एक ठण्डी–'हैल्लो' करती है, वह उतनी ही ठण्डी 'हैल्लो' जवाब में देता है।

"पापा, रास्ते में कितनी बार रुके?" एक बच्ची।

"दो बार।"

"क्यों?" दूसरी बच्ची।

"वंस फ़ार पी एंड वंस फ़ॉर टी।"

"थके तो नहीं?" दोनों बच्चियाँ।

"अब तुम चुप करोगी कि नहीं? आते ही अटैक कर दिया," कपिला की डाँट। ग्रेवाल नवीन की ओर देख रहा है। कपिला परिचय कराती है, सिर्फ़ नाम का–"नवीन वर्मा।" ग्रेवाल के चेहरे पर कुछ न समझने का भाव। यह नया आदमी कौन है? इस घर में क्योंकर? कपिला उसे मुँह धोने के लिए अन्दर आने को कहती है। नवीन जानता है वह ग्रेवाल को उसके बारे में, निम्मी के बारे में, जितना वह जानती है, उतना अन्दर जाकर बतायेगी, लेकिन कपिला उनके बारे में जानती ही कितना है? एक अधेड़ उम्र मर्द। और लड़की–सी दिखनेवाली बाईस साल की औरत!

ग्रेवाल मुँह धोकर बैठक में आ गया। अच्छी ख़ासी ठण्ड हो रही है लेकिन उसने सिर्फ़ सफ़ेद स्पोर्ट्स शर्ट डाल रखी है। उसकी गर्दन ऊपर की तरफ़ लगातार उठी रहती है, आँखें भी लगातार दाँयें–बाँयें घूमतीं। शत्रु की खोज करते वैमानिक की आँखें। मेजर साहब अन्दर आये। ग्रेवाल

और वह जफ्फी डालकर मिले। नवीन को कहीं हैरानी–सी हुई कि दामाद और ससुर कैसे खुलकर मिल रहे हैं, दोस्तों की तरह। और पति–पत्नी की मुलाक़ात कितनी ठण्डी थी, अजनबियों की–सी।

"गैरी, तुम थक गये होंगे, इतनी लम्बी ड्राइव की है। मैं तुम्हारे लिए ड्रिंक लाती हूँ। आपके लिए भी बनाऊँ, पापा," कपिला यह कहकर अन्दर गयी, ड्रिंक बनाने के लिए। ग्रेवाल का चेहरा एकदम चौंका हुआ। फिर इस चौंकाहट की जगह मुस्कान ले लेती है।

"पापा, यह इस घर में रेव्युलेशन तो नहीं आ गयी?" जवाब में मेजर साहब नवीन की ओर देखकर हल्का हँसते हैं। कपिला ट्रे में गिलास और बोतल रखकर अन्दर आयी।

"पहले तुम्हारी पेशेंट से मिल लें, स्वीटहार्ट, फिर पियेंगे", ग्रेवाल अन्दर जाने के लिए उठा, सब लोग उसके साथ बेडरूम में आये। इतने सारे क़दमों की आवाज़ सुनकर निम्मी आँखें खोलती है, स्पोर्ट्स शर्ट पहने आदमी को देखा, समझ गयी कपिला का पति है। उसे भी पता है कि ग्रेवाल को आज आना था। आ गया।

"हैल्लो स्वीटहार्ट, मैं गैरी हूँ, तुम मरीज़ों की तरह लेटी क्यों हो? चलो उठो। सबके साथ ड्राइंग रूम में बैठो।"

"गैरी! यह सचमुच बीमार है। इसे लेटने दो। बी.पी. बहुत नीचे आ गया है। अभी चल नहीं सकती," कपिला ने उसे समझाया।

"वाट नानसेंस, चल नहीं सकती तो उठाकर ले चलते हैं," गैरी ने निम्मी को कम्बल समेत उठाया और बैठक में ले आया। बच्चियाँ ताली पीट रही हैं–"पापा सुपरमैन, पापा सुपरमैन!" कपिला सोफ़े के बाज़ू पर दो तकिये लगाती है, गैरी ने निम्मी को सोफ़े पर अधलेटा लेटाया। वह पहली बार निम्मी के सफ़ेद पड़ गये चेहरे को देखता है, बिल्कुल ढीले पड़ गये जिस्म को देखता है, और कपिला से कहता है–

"इसे हस्पताल दाखिल करवा दो, एटवन्स। मैं फ़ोन करके शिमला के कमांड हास्पिटल से एम्बुलेंस मँगवाता हूँ। वहाँ का सी.ओ. मेरा दोस्त है। तुम भी साथ चलो। रास्ते में ज़रूरत न पड़ जाये।"

"रिलैक्स गैरी! क्यों भूल जाते हो कि मैं भी डाक्टर हूँ। निम्मी कल तक ठीक हो जायेगी।"

"नो। शीज़ वेरी सिक।" आवाज़ में तनाव।

"अच्छा बाबा! तुम शिमला फ़ोन मिला लो। मैं डॉक्टर को फ़ोन पर इसकी हालत समझा दूँगी। वह कहेंगे तो इसे वहाँ ले चलेंगे?" मनाने वाली आवाज़ में कपिला जवाब देती है। गैरी के चेहरे पर फिर से चौंकाहट। कपिला ने इतनी जल्दी बहस बन्द करनी कब से शुरू कर दी? वह गम्भीर हुआ। घर में सचमुच क्रान्ति आ गयी।

"आपके लिए भी ड्रिंक बनाऊँ, नवीन साहब," कपिला ने पूछा? नवीन निम्मी की तरफ़ देख रहा है। वह आँखें खोलती है, नवीन की सवालिया निगाह को देखा–

"लो, लेकिन बहुत कम लेना।"

"स्वीटहार्ट, तुम भी थोड़ी–सी ले लो। बी.पी के लिए रामबाण दवाई है।" निम्मी को छेड़ता है।

मेजर साहब ने बेटी को कहा, "कपिला, मेरे लिए डबल लार्ज बनाना। यह कमाल के नखरे आजकल के फ़ौजियों को मुबारक।"

दोनों बच्चियाँ निम्मी के पास बैठी हैं। उसका माथा छूकर एक–दूसरे को बता रही हैं कि फ़ीवर तो है नहीं। फिर मम्मी इसे दवाई क्यों पिलाये जा रही है? गैरी के गिलास होंठों तक पहुँचने से पहले एक बच्ची बोली–

"पापा स्टैचू।" गैरी का हाथ वहीं थम गया। वह बिना हिले–डुले बैठा रहा।

"ममा से पूछ लिया।" दूसरी बच्ची। गैरी आँखें नीची करता है, 'हाँ' के जवाब में।

"ओपन," दोनों बच्चियों ने एक साथ बोला। मेजर साहब ने बताया–

"अरे भाई अब खेलना भी अंग्रेज़ी में हो गया। पता है हमारे वक़्त इस खेल को कैसे खेलते थे? 'मूर्ति' कहने पर रुक जाते थे और 'खुलजा' कहने पर हिलते थे।"

निम्मी ने तकियों से सिर उठाया, बैठना चाहती है। गैरी एक क़दम में उसके पास पहुँचा, सिर के नीचे हाथ रखकर तकिये निकाले और निम्मी का सिर सोफा–बैक के साथ टिका दिया। नवीन हैरान! यह कैसा फ़ाइटर पायलेट है जो ज़रा–सी बीमारी से इतनी घबरा जाता है? इस आदमी का झगड़ा क्योंकर किसी भी औरत से हो सकता है? ख़ासकर अपनी बीवी से। उसका अन्दाज़ा ठीक था। हठ करने की आदत कपिला की है और 'न' सुनने की आदत गैरी की नहीं। यह 'हाँ' और 'न' एक शीत युद्ध में बदल गया है।

"नवीन, अब ठीक हूँ। हम अपनी कॉटेज में चलेंगे।" निम्मी ने घर का नक़्शा देख लिया है। दो बेडरूम। और फिर ग्रेवाल इतने दिन बाद आया...

"डोंट टॉक नॉनसेंस, स्वीटहार्ट! तुम तब तक इसी कॉटेज में रहोगी जब तक कपिला इजाज़त नहीं देती। आल्वेज ओवे यूअर डॉक्टर एंड सी.ओ.।"

"आप लोगों को..."

"हमारा कोई हनीमून नहीं। दो बच्चियाँ हैं। हाँ, अगर तुम नवीन के बिना..." कपिला उसकी बात बीच में काटती है–

"उतर आये अपनी बदमाशियों पर! बच्चियों का ख़याल तो कर लिया करो।"

"मैंने तो कुछ नहीं कहा," हाथ उठाकर बचाव करता ग्रेवाल।

"हाँ, पापा ने तो कुछ नहीं कहा," हाथ उठाकर बचाव करती दोनों बच्चियाँ।

"एक–एक और हो जाये, गैरी!" मेजर साहब की सलाह।

"नो पापा। और नहीं। खाना खाते हैं। लैट निम्मी टेक रेस्ट।" ग्रेवाल का जवाब सुनकर अब कपिला के चेहरे पर चौंकाहट। बच्चियाँ पापा को कार में राउंड देने के लिए कहती हैं। ग्रेवाल उनके साथ बाहर निकला।

"नवीन साहब! आपने ठीक सलाह दी थी। थोड़ी–सी खुशामद में गैरी कितना ख़ुश है। चार–पाँच पैग रोज़ पीता है, आज एक के बाद ही न कर दी। थैंक्स! यू हैव सेव्ड अवर मैरिज।"

जवाब निम्मी देती है–

"हाँ, नवीन को दूसरों को बचाना ख़ूब आता है", कपिला फ़ैसला नहीं कर पा रही कि निम्मी के इस वाक्य में व्यंग्य है या उदासी। इन दोनों के बीच कहीं कोई अदृश्य दीवार है ज़रूर। नवीन दुनिया–देखा मर्द है। फिर इस दीवार के पार छलाँग क्यों नहीं लगाता? निम्मी के पास क्यों नहीं पहुँच जाता?

निम्मी अब ठीक हो गयी है। दो दिन से अपनी कॉटेज में। नवीन के पास। बच्चियाँ सारा दिन अब उनकी कॉटेज में भटकती रहती हैं, क्योंकि निम्मी उन्हें फ़ेयरी लगती है। कपिला ने गैरी से पूछा ज़रूर है कि इतनी कम उम्र की लड़की इतनी बड़ी उम्र के आदमी से क्योंकर जुड़ गयी है। गैरी क्या बतायें? प्रेम एक रहस्य है। एक मिस्ट्री! क्या इस रहस्य को कभी

कोई बूझ पाया है? जो सब कुछ होता है, उस सब कुछ का कार्य–कारण सम्बन्ध हमें हमेशा पता लग जाता है क्या? एक आत्मा से दो लम्बे हाथ बाहिर निकलते हैं और दूसरी आत्मा के बाहर निकल आये हाथों को पकड़ लेते हैं। क्या यही प्रेम–रहस्य होता है? हाँ शायद! यह भी नहीं?

शाम को कपिला, गैरी और बच्चियाँ उनकी कॉटेज में आयीं। निम्मी ने जीन्स के साथ खादी का गेरुआ कुर्ता पहन रखा है। कानों में जो टॉप्स हैं, उन पर लगे पत्थर भी इसी रंग के। चेहरे की सफ़ेदी अब पीले मोतियों की पीली आभा में बदल गयी है। उसे देखकर कपिला के मन में जो पहला शब्द आया, वह है 'जोगन'।

बैठक की खिड़की बाहिर की तरफ़ खुली है। कपिला को लगा, यह लड़की, जिसका नाम निम्मी है, कभी भी किसी क्षण भी, इस खिड़की से बाहिर निकल जायेगी। फिर वापिस नहीं आयेगी। वह आगे बढ़कर खिड़की बन्द कर देती है।

"खिड़की क्यों बन्द कर दी, ममा," एक बच्ची।

"हवा तो है नहीं," दूसरी बच्ची।

"नहीं। निम्मी अभी कमज़ोर है। ठण्ड लग जायेगी," कपिला ने झूठी वजह बतायी।

गैरी ने नवीन के दहकते अंगारे जैसे सुर्ख चेहरे को देखा, निम्मी के मोतिया रंग को देखा।

"नवीन साहब! थोड़ी–सी लाली बेचारी निम्मी को भी दे दें। लगता है आप सारा ख़याल सिर्फ़ अपनी सेहत का रखते हैं," उसकी बात सुनकर दोनों मुस्कराये, लेकिन निम्मी की मुस्कान उसके चेहरे की तरह ही पीली। गैरी को हैरानी हुई कि अपने किसी की तारीफ़ सुनकर भी यह लड़की चमकीली हँसी क्यों नहीं हँसती? होटल फ़ोन करके चाय मँगवाई गयी। नवीन हर बार अपनी नाक के निचले हिस्से को तर्जनी से छूता है। यह उसकी आदत है। दोनों बच्चियाँ अब इन्तज़ार में हैं कि वह नाक का निचला हिस्सा छुये। उसकी उँगली नाक के पास पहुँची। दोनों ने साथ–साथ कहा, "स्टैचू।" नवीन की उँगली नाक पर थम गयी।

"क्या नाक पर फोड़ा है?" एक बच्ची।

"क्या नाक पर खुजली होती है?" दूसरी बच्ची।

नवीन 'न' की मुद्रा में आँखें हिलाता है।

"तो 'ओपन'। अंकल अब फिर नाक को उँगली लगाओगे तो हम स्टैचू कर देंगे," एक बच्ची।

"हाँ, बुरी आदत होती है," दूसरी बच्ची।

चाय पीने के बाद सब बाहिर निकले टहलने के लिए। कपिला निम्मी को शॉल ओढ़ने के लिए कहती है। अभी वह कमज़ोर है। ध्यान रखना चाहिए। होटल का लॉन फिर सूखे पत्तों से ढँक गया। हालाँकि मेजर साहब दिन में दो बार लॉन साफ़ करवाते हैं, लेकिन सूखे पत्ते नीचे गिरने से बाज़ नहीं आते, क्योंकि वह मेजर साहब से डरते नहीं। बच्चियाँ पत्तों पर दौड़ रही हैं चर्र–चर्र की आवाज़ के पीछे भागती हुईं।

"नवीन साहब! आप काम क्या करते हैं," बातचीत शुरू करने के लिए कपिला ने पूछा।

"यह कुछ नहीं करते," जवाब निम्मी देती है। बातचीत फिर बन्द। नवीन ज़रा तेज़ चल रहा है। निम्मी ने उसकी बाँह को उँगली से छूकर कहा–

"आहिस्ता चला करो। थक जाओगे।"

कपिला को फिर निम्मी पर ग़ुस्सा आ गया। यह लड़की ख़ुद बीमार है और हर वक़्त चिन्ता इसे नवीन की लगी रहती है। प्रेम क्या हमें दूसरे का ग़ुलाम बना देता है? हमारा अपना कुछ भी नहीं रहता, जो कुछ रह जाता है सिर्फ़ दूसरे का? लॉन के किनारे पर दो बेंच। एक पर गैरी और कपिला बैठ गये, एक पर नवीन और निम्मी। कपिला ने बताया कि लॉन के इस किनारे को 'टू बेंचिज़' कहते हैं।

"क्यों?" निम्मी पूछती है।

"पता नहीं, सच है कि कहानी, लेकिन यहाँ के लोग कहते हैं कि सच है। उन दिनों यह होटल नहीं था, महाराजा का पैलेस था। देखभाल के लिए महाराजा ने एक अंग्रेज़ रखा हुआ था। उसकी एक लड़की थी–वायला। पास की छावनी है न। अंग्रेज़ों ने हर पहाड़ी जगह पर छोटी–छोटी छावनियाँ बनायी थीं ताकि गर्मियों में वहाँ रहा जा सके। 1940 की गर्मियों में एक रेजिमेंट यहाँ आयी। वायला की एक अफ़सर से दोस्ती हुई जो प्यार में बदल गयी। दोनों रोज़ शाम यहाँ बेन्चों पर बैठते थे। रेजमेंट युद्ध में हिस्सा लेने के लिए अफ़्रीका चली गयी। महीने बाद तार आया कि वायला का दोस्त मिसिंग है। या मारा गया होगा, या युद्धबन्दी बन गया होगा। वायला ने रेडकॉसवालों को ख़त लिखे। जवाब आया कि किसी भी जर्मन जेल में यह बन्दी नहीं। ज़रूर युद्ध में मारा गया होगा।"

"फिर?"

"लेकिन वायला नहीं मानी। उसे पक्का था कि वह मरा नहीं। वार ख़त्म हो गयी। युद्धबन्दी लौट आये। वह नहीं आया।"

"फिर?"

"हम आज़ाद हो गये। वायला का पिता इंग्लैण्ड चला गया। लेकिन वह नहीं गयी। रोज़ शाम को बेन्च पर बैठकर उसके लौटने का इन्तज़ार करती थी। महाराजा ने उसके रहने के लिए कॉटेज दे दी थी। आज़ादी के बीस साल बाद तक ज़िन्दा रही। सर्दियों की एक शाम बेंच पर ज्यों बैठी तो फिर उठी नहीं। सुबह तक उसका शरीर पूरा–का–पूरा बर्फ़ में दब गया था। यहीं पास ही उसकी क़ब्र है। तब से इस जगह का नाम टू बेंचिज़ पड़ गया।"

निम्मी ने कसकर नवीन का हाथ पकड़ लिया। नवीन उसके कन्धे को थपथपा रहा है। हौसला दे रहा है क्या? निम्मी का चेहरा फिर से सफ़ेद पड़ना शुरू हो गया। कपिला ने उसकी नब्ज़ देखी। माथा छुआ। ठीक है। फिर यूँ एकदम इस लड़की का रंग क्यों उड़ जाता है? इसे कहीं कोई और बड़ी बीमारी तो नहीं?

"आप लोग कुछ दिन और क्यों नहीं ठहरते? अभी तो मौसम ठीक चल रहा है। फिर नीचे तो अच्छी–ख़ासी गर्मी पड़ रही है," ग्रेवाल ने उन्हें सलाह दी।

"नहीं। जाना ज़रूर है," निम्मी ने नवीन की तरफ़ देखकर कहा।

"क्यों? ऐसी कौन सी बात है कि जाना ज़रूरी है," ग्रेवाल ने ज़िद की।

"हमारी शादी है। दस दिन बाद।" यह बात भी निम्मी ने नवीन की तरफ़ देखकर कही।

"देट कॉलज़ फॉर ए सेलिब्रेशन। आज नवीन साहब पिलायेंगे।"

कपिला को अब भी कहीं कोई हैरानी ज़रूर है कि दस दिन बाद की शादी की ख़बर देते हुए इस लड़की की आवाज़ में कहीं कोई ख़ुशी नहीं थी। क्या कोई मजबूरी है? फिर उसने सिर झटकाकर इस फ़िज़ूल बात को बाहिर फेंक दिया। नवीन क्या ऐसा मर्द दिखता है जो क़िसी को मजबूर करे?

हवा ने छोटी–सी चुटकी काटी। सब अन्दर जाने के लिए उठ खड़े हुए। बच्चियाँ दौड़ती हुई उनके पास आ रही हैं, सूखे पत्तों की चर्र–चर्र की आवाज़ उनके पीछे दौड़ रही है। वह रुकती हैं। आवाज़ भी रुक जाती है।

"सुनो, इनकी दस दिन बाद शादी है," ग्रेवाल बच्चियों को ख़बर देता है।

"ग्रेट। वी वांट ए पार्टी, पार्टी, पार्टी!" दोनों एक साथ बोलती हैं। एक साथ उछलती हैं। फिर वह निम्मी को सिर नीचे झुकाने के लिए कहती हैं। वह नीचे होती है। एक गाल पर बच्ची चूमती है और दूसरे पर दूसरी। वह सिर ऊपर करती है, छेड़खानी करता हवा का झोंका उसके बालों को बिखराकर, सीटी बजाते हुए आगे भाग जाता है। नवीन हाथ लम्बा करता है। उसके बिखरे बालों को उसके कानों के पीछे खोंसता है। निम्मी का निचला होंठ शिशु–पक्षी–सा फड़फड़ाया, निचला दाँत चमका। उसने मुँह पर हाथ रखा। अब गले की हड्डी ज़ोर–ज़ोर से हिल रही है। नवीन इस हिलती हड्डी को उँगली से छूता है, इसका हिलना रोकने के लिए। निम्मी उसका हाथ परे झटक देती है। एक लम्बी...'ओ...ओ...' की आवाज़ उसके होंठों की क़ैद से बाहिर निकल भागी। हवा के कन्धों पर बैठ पेड़ों पर चढ़ गयी। निम्मी के कन्धे ज़ोर–ज़ोर से हिल रहे हैं। आवाज़ रोकने के लिए मुँह पर दोनों हाथ रख लेती है। और वहीं पत्तों पर बैठ जाती है। अब वह फूट–फूटकर रो रही है। बच्चियाँ डरकर वहाँ से भाग गयीं। कपिला इन्तज़ार कर रही है कि नवीन निम्मी को चुप करायेगा, लेकिन नहीं। वह अपनी जगह बिना हिले–डुले खड़ा है। उसने सिगरेट सुलगा ली। कपिला निम्मी के पास पत्तों पर बैठी, उसका सिर सहला रही है। कन्धों का हिलना कम हो रहा है। अब बन्द हो गया। उसने सिर ऊपर उठाया। आँसुओं से चेहरा धुल गया। कपिला साड़ी के पल्लू से उसका चेहरा पोंछती है। वह ग्रेवाल की तरफ़ देखती है। उसका शरीर तना हुआ है। थोड़ा आगे को झुक गया, किसी माँस–भक्षी पक्षी की तरह, झपट्टा मारने के लिए तैयार। वह काँप गयी। कुछ–न–कुछ होकर रहेगा। वह गैरी के ग़ुस्से को जानती है, लेकिन नवीन तो नहीं जानता।

"क्या बात है? निम्मी रो क्यों रही है?" गोली दाग़ती ग्रेवाल की आवाज़।

नवीन अब भी नीचे देख रहा है।

"मैं पूछता हूँ, बात क्या है? वाई डोंट यू स्पीक? कोई डर है क्या?"

नवीन चुप। कपिला ने डरी हुई आवाज़ में कहा–

"छोड़ो, गैरी!"

"छोडूँ। क्यों छोडूँ, यह मुझे कुछ बताते क्यों नहीं? किसी ने डराया है क्या? लैट मी नो। आइल फ़िक्स दैट बास्टर्ड!"

नवीन अब भी चुप। कपिला जानती है कि इसके बाद गैरी का हाथ उठ जायेगा। ग़ुस्से में हमेशा अन्धा हो जाता है। निम्मी उठी। गैरी के पास गयी, उसका हाथ पकड़कर कहा–

"हमें कुछ नहीं हुआ? पता नहीं क्यों रोना आ गया?" वह अब भी ग्रेवाल का हाथ पकड़े हुए है। उसका नीचे झुका शरीर सीधा हो गया। बाँहे ढीली हो गयीं। अब वह झपट्टा मारने की मुद्रा में नहीं, डाइव बीच में ही तोड़कर अपने आप में लौट आया है। गैरी और निम्मी ने धीरे–धीरे चलना शुरू कर दिया। कपिला देखती है कि अब भी निम्मी ने गैरी का हाथ पकड़ रखा है। एक क्षण के लिए यह सोचकर उदास हो जाती है कि निम्मी को गैरी जैसा सशक्त पुरुष मिलना चाहिए था, और मिला तो नवीन...

नवीन अब भी अपनी जगह खड़ा है। अंधेरा नीचे उतरना शुरू हो गया। इस उतरते अँधेरे में उसका चेहरा अंगारों की तरह दहक रहा है।

"चलें," कपिला ने हौले से कहा।

"हाँ, चलें," वह उसकी ओर बिना देखे जवाब देता है।

ग्रेवाल और निम्मी कॉटेज के बाहर खड़े उनका इन्तज़ार कर रहे हैं। दोनों पास आये तो निम्मी ने कहा–

"हम आज रात इन्हें पार्टी दें?"

"हाँ, ठीक है। ग्रेवाल साहब से पूछ लो।"

"डोंट बी फ़ार्मल, नवीन! यह साहब कहाँ से आ गया? इसका मतलब मेरा ऊँचा बोलना बुरा लगा। प्लीज़ डोंट माइंड। शाउट करना मेरी हॉबी है। कपिला से पूछ लो।" निम्मी मुस्कराती है, उसका निचला नोकीला दाँत चमकता है। कपिला हँसकर कहती है–

"गैरी को शाउट करने की ही तनख़्वाह मिलती है।"

"मेजर साहब और बच्चियों को भी हमारी तरफ़ से बुला लें। होटल में पार्टी करेंगे, क्यों नवीन?"

"हाँ, ठीक है।"

लेकिन कपिला को लगता है, यह लोग पार्टी देने की बात पर खुश नहीं।

बच्चियाँ निम्मी के दाँयें–बाँयें बैठी हैं। कपिला ने उन्हें रोका भी कि नवीन को वहाँ बैठने दें। लेकिन नहीं। उनकी ज़िद थी कि बैठेंगी तो निम्मी के पास ही।

"हाय पापा! फ़ेयरी लग रही है न," एक बच्ची।

"फ़ेयरी नहीं। मरमेड," दूसरी बच्ची।

निम्मी ने जार्जेट की पीली साड़ी पहनी है, माथे पर सिन्दूर की बड़ी–सी दहकती बिन्दिया। कन्धे तक के बालों को उसने कसकर कँघी की है, गालों के दोनों ओर हिलते पानी की काली झालर। थोड़ा–सा सिर हिलाती है तो पानी की काली झालर हिलती है, सिर रुकता है तो झालर भी रुक जाती है। शामवाली रुलायी ने उसकी आत्मा को धो दिया। अन्दर का धुला होना चेहरे को भी कहीं धो गया। ग्रेवाल ने उसे छेड़ा–

"स्वीटहार्ट! अगर नवीन से तुम्हारी बात पक्की न होती तो मैं तुम्हें भगा ले जाता!"

"नवीन तो मुझे भगा नहीं रहा। आपको किसने रोका है," आज निम्मी छेड़छाड़ में हिस्सा ले रही है।

"पापा, आपके साथ क्यों भागेगी? नवीन अंकल तो आपसे हैण्डसम लग रहे हैं," एक बच्ची।

"हाँ लग रहे हैं। बिल्कुल मारलेन ब्रैडो लग रहे हैं", दूसरी बच्ची।

नवीन ने डबल ब्रेस्ट ब्लेजर पहना हुआ है, लाल पोल्का डॉट्स की टाई के साथ। नीले ब्लेजर के कॉन्ट्रास्ट में उसके गालों के अंगारे पूरे जोबन पर दहक रहे हैं। काँच की खिड़की खड़की। निम्मी पूछती है कि क्या कोई बाहिर खड़ा है खिड़की के पास? कपिला कहती है–

"नहीं। कोई नहीं। हवा है। अन्दर आना चाहती है।"

"क्यों?" निम्मी जब क्यों कहती है तो उसकी एक आँख दूसरी आँख से बड़ी दिखने लगती है।

"क्योंकि बाहर उसे सर्दी लग रही है, स्वीटहार्ट," ग्रेवाल ने उसे फिर छेड़ा। हवा फिर खिड़की खटखटाती है। मेजर साहब गिलास उठाते हैं, बच्चियाँ भी अपना–अपना स्वीट–वाइनवाला गिलास उठाती हैं। कपिला कहती है–

"फ़ॉर अ वेरी–वेरी हैप्पी लाइफ़ ऑव निम्मी एंड नवीन।" यह सुनकर निम्मी हल्के–से सिर झटकती है। एक तरफ़ की गाल पलभर के लिए चमक मारती है, फिर बाल वहाँ लम्बे लेट जाते हैं।

ब्रास–स्टैण्ड में लगी मोमबत्तियों की रोशनी हिली। रोशनी का छोटा–सा टुकड़ा छलाँग लगाकर निम्मी की नाक के सिरे पर जा बैठा। रोशनी

हिलना बन्द होती है। नाक पर बैठा रोशनी का टुकड़ा छोटी–सी छलाँग लगाता है और अपने घर वापिस आ जाता है। निम्मी नाक के सिरे को उँगली से छूती है, उसे वहाँ पर रोशनी बैठने का पता चल गया।

"नवीन साहब, आप बिल्कुल चुप हैं," ग्रेवाल।

"निम्मी पर से इनकी आँखें हिलें तो हम से बात करें," कपिला छेड़ती है।

रिकॉर्ड–प्लेयर पर सरोद की धुन बज रही है। आवाज़ उन सबको छूती है और फिर खिड़कियों की तरफ़ बढ़ जाती है, लेकिन खिड़कियाँ तो बन्द हैं। हौले से दीवारों पर चढ़ती है और अधखुले रोशनदानों से बाहर निकल जाती है।

"आंटी, शादी के बाद कहाँ जायेंगे," एक बच्ची।

"कश्मीर जायेंगे न," दूसरी बच्ची।

निम्मी नवीन के चेहरे पर निगाह टिकाती है। आँखें ऊपर उठाकर उसे भरपूर निगाहों से देखा। एक आँख दूसरी आँख से फिर बड़ी हो गयी।

"हम अमेरिका जायेंगे।" कपिला को भ्रम होता है कि यह जवाब कुछ अतिरिक्त कठोर आवाज़ में निम्मी ने दिया। बच्चियों की बात का बुरा मान गयी है क्या?

वेटर ख़ाली गिलास उठाता है। मेजर साहब उसे इशारे से और लाने के लिए कहते हैं। नवीन ने दूसरा गिलास उठाया, निम्मी ने टोका–

"तुम और मत लो।"

"स्वीटहार्ट डोंट बी मीन। लैट हिम एंजॉय। शादी के बाद रोकने–टोकने का काम करना चाहिए। क्यों कपिला?"

"अच्छा तुम पियो। आज यह बक–बक नहीं चलेगी।"

"हाँ नहीं चलेगी," एक बच्ची।

"बिल्कुल नहीं चलेगी," दूसरी बच्ची।

"हाँ। आज मुझे मत रोको," नवीन एक ही घूँट में गिलास ख़ाली करता है, मेज़ पर रख देता है। ग्रेवाल और मेजर के भरे गिलासों की तरफ़ सवालिया आँखों से देखता है कि इन्हें ख़त्म क्यों नहीं करते?

"आंटी को प्रेजेंट नहीं देंगे," एक बच्ची।

"हाँ, पापा ने मम्मी को दिया था," दूसरी बच्ची।

"मैं तो भूल ही गया था। अभी लाया," नवीन ने बाहर निकलते हुए जवाब दिया।

निम्मी अब सिर नीचे झुकाये बैठी है। रोशनी का टुकड़ा उसके होंठों पर जा बैठा। निचला होंठ हिलता है, नोकीला दाँत चमकता है। कपिला को डर लगता है, कहीं फिर तो रोने नहीं लगी?

नवीन लौटा। उसके हाथ में मखमल का छोटा–सा डिब्बा। निम्मी के पास रखा।

बच्चियाँ डिब्बा खोलने के लिए कहती हैं। निम्मी उँगली से डिब्बे का ढक्कन ऊपर उठाती है। नेकलेस है। टॉप्स है, अँगूठी है। लश्कारा पड़ता है। मोमबत्तियों की चमक मद्धम पड़ गयी।

"पर्ल हैं," एक बच्ची।

"नहीं डायमेंड," दूसरी बच्ची।

"पन्ना है," कपिला उन्हें बताती है।

"अंकल, आप इन्हें पहना दो," दोनों बच्चियाँ।

"नहीं। ख़ुद डाल लेगी।" नवीन तीसरा गिलास उठाता है।

"पहनाना तो आपको ही चाहिए, नवीन साहब," कपिला उसे समझाती है।

"छोड़ो! मैं ख़ुद डाल लूँगी," निम्मी हार डालती है, अँगूठी डालती है, लेकिन टॉप्स डालने में उसे मुश्किल हो रही है।

"हेल्प हर अँकल," दोनों बच्चियाँ। नवीन निम्मी के पास आया। उसके कान से बाल परे किये, टॉप्स डाले।

"तुम्हारे कान तो बहुत छोटे हैं।"

"यह बात तुम्हें दो साल बाद आज पता लगी," निम्मी का निचला होंठ फिर फड़का, दाँत फिर चमका। इससे पहले कि नवीन कुछ कहे, एक बच्ची–

"अंकल, गिव हर अ किस!"

"हाँ! पापा जब भी मम्मी को गिफ़्ट देते हैं तो किस करते हैं।"

नवीन अपने होंठ निम्मी के माथे को छुआता है। 'स्टैचू', एक बच्ची ताली पीटकर कहती है। निम्मी के मेज़ पर रखे हाथ हौले से ऊपर उठते हैं, उन्हें नवीन के सिर के पिछले सिरे पर रखती है, सिर को ज़ोर से अपने माथे पर दबाती है। "ओपन," दूसरी बच्ची ताली पीटती है। निम्मी की आत्मा के दरवाज़े खुलते हैं, एक लम्बी साँस बाहिर निकलती है। हाथ फिर से मेज़ पर रख देती है। नवीन अपनी कुर्सी पर लौटता है, गिलास उठाता है।

"बस! और नहीं लेनी," निम्मी अपनी नाक से रोशनी को परे झटकाकर कहती है।

"प्लीज़ डोंट स्टॉप मी," नवीन की आवाज़ सख़्त। कपिला धीरे–से ग्रेवाल को बताती है कि नवीन ड्रंक हो रहा है। उसकी आँखें अब झपक नहीं रहीं। ग्रेवाल को पीने का अभ्यास है। नवीन के तने हुए चेहरे को देखता है। उसे भी पता चल जाता है कि नवीन ड्रंक हो रहा है। नशे की पहली स्टेज में शरीर कस जाता है, आक्रमण की मुद्रा में। आख़िरी स्टेज में ढीला पड़ जाता है पराजय की मुद्रा में। मेजर साहब वेटर को खाना लगाने के लिए कहते हैं। नवीन उन्हें घूरकर देखता है–

"नहीं! मैं नहीं खाऊँगा, और लूँगा।"

"ठीक है। इन सबको तो खाने दो। हम दोनों और ले लेंगे," ग्रेवाल जानता है कि जब कोई नशे में हो तो उसकी बात मान लेनी चाहिए।

निम्मी अब नवीन को घूरकर देख रही है। उसकी एक आँख दूसरी से बड़ी लग रही है। वह दबी लेकिन सख़्त आवाज़ में सबको बताती है–

"हम कल वापिस जायेंगे।" नवीन खट से मेज़ पर गिलास रखता है।

जवाब कपिला देती है, "क्यों? आप लोग तो सात दिन के लिए आये थे। जल्दी क्या पड़ गयी?"

"नहीं, हम कल जायेंगे!"

"अंकल, आप रोको न," एक बच्ची।

"अंकल, आप कहो न," दूसरी बच्ची।

"नहीं! निम्मी जो बात कह दे, उसे ज़रूर पूरी करती है।"

"स्वीटहार्ट, गुस्सा किस बात का है। अभी तो हमारी दोस्ती शुरू ही हुई है," ग्रेवाल कमरे में ठहर गये तनाव को बाहिर धकेलने की कोशिश करता है।

"नहीं, हम कल जायेंगे। शादी की तैयारी भी तो करनी है," ग्रेवाल की बात का जवाब देते हुए निम्मी की आवाज़ सख़्त नहीं है। नवीन, मेजर को कहता है, "मेजर साहब, आप फ़ोन करके सुबह टैक्सी बुलवा लें, दिल्ली तक के लिए।" मेजर साहब हाँ में सिर हिलाते हैं। कपिला सोचती है कि नवीन, जिसने उसकी शादी टूटने से बचा ली हैं सिर्फ़ छोटी–सी सलाह देकर, ख़ुद क्योंकर निम्मी के साथ तालमेल से नहीं रह पा रहा। उसे पक्का है, निम्मी नवीन के पीने को लेकर नाराज़ हो गयी है।

खाना खाते वक़्त नवीन बिल्कुल चुप है। निम्मी अपनी कुर्सी से उठी, उसके पास जाकर बैठ गयी। उसके हाथ से गिलास लेकर मेज़ पर रखा। टमाटर का टुकड़ा उठाकर उसके होंठों के पास ले गयी–

"चलो! मुँह खोलो," नवीन मुँह खोलता है। निम्मी उसे टमाटर का टुकड़ा खिलाकर कहती है–"गुड ब्वॉय," नवीन की हँसी निकल जाती है। कमरे में बैठा तनाव बड़े दरवाज़े से बाहर निकल गया।

"सीज फ़ायर ," एक बच्ची।

"लड़ाई–लड़ाई बन्द करो..., दूसरी बच्ची।

ग्रेवाल निम्मी को छेड़ता है–

"स्वीटहार्ट, अमेरिका से हनीमून मनाकर जब वापिस आओ तो मिलना ज़रूर।"

सब उठते हैं। नवीन के पाँव लड़खड़ाते हैं। मेजर अपनी बाँह के घेरे में उसके कन्धों को लपेटता है, सहारा देता है। दोनों बच्चियाँ निम्मी का एक–एक हाथ पकड़े हुए हैं। सब बाहर निकले। मेजर और नवीन सबसे पीछे। कपिला को नवीन की आवाज़ साफ़ सुनायी दे रही है। पापा को कुछ बता रहा है, लेकिन शब्द सुनायी नहीं दे रहे? हवा उन्हें उड़ाये लिये जा रही है।

सुबह के दस बजे हैं। टैक्सी होटल के पोर्च में खड़ी है। नवीन और निम्मी अपनी कॉटेज से वहाँ आ रहे हैं। बच्चियाँ उनके साथ हैं। निम्मी ने फिर से जीन्स और गेरुआ कुर्ता पहन लिया है। नवीन ने शेव नहीं की। कपिला को लगता है कि रात के नशे की वजह से नवीन के गालों के अँगारे और सुर्ख़ हो गये हैं। वह टैक्सी का पिछला दरवाज़ा खोलता है। निम्मी अन्दर बैठी। वह दरवाज़ा बन्द कर लेता है। कपिला ने सोचा, अभी दोनों के बीच गुस्से का प्रेत बैठा हुआ है। तभी नवीन उसके साथ नहीं बैठा, अगली सीट पर बैठेगा। निम्मी शीशा नीचे करती है, ग्रेवाल की ओर हाथ बढ़ाती है। मिलाती है।

"शॉल ले लो," कपिला ने निम्मी को समझाया। कपिला पहली बार नोट करती है कि पापा टैक्सी से थोड़ी दूर खड़े हैं। अब इन्हें क्या हो गया? क्या इन लोगों को अलविदा नहीं कहेंगे?

नवीन कार के दरवाज़े पर हाथ रखता है, निम्मी से पूछा–"ख़त लिखोगी"।

निम्मी का निचला होंठ फड़कता है, दाँत चमकता है–"नहीं," और वह खिड़की का शीशा ऊपर चढ़ा लेती है। नवीन ने ड्राइवर को पैसे दिये और टैक्सी होटल के दरवाज़े से बाहर निकल गयी।

कपिला डर के मारे ग्रेवाल का हाथ पकड़ लेती है। फटी आँखों से पास खड़े नवीन को देख रही है। मेजर साहब पास आये, ग्रेवाल के हाथ से उसका हाथ छुड़ाते हैं–

"चलो बेटे! नवीन साहब को आराम करने दो।"

नवीन के क़दम अपनी कॉटेज की ओर उठते हैं। दोनों बच्चियाँ पूछती हैं–

"अंकल हम साथ चलें?" वह 'हाँ' में सिर हिलाता है। दोनों उसका एक–एक हाथ पकड़ लेती हैं। उसके साथ उसकी कॉटेज की तरफ़ जाती हैं।

मेज़र साहब कपिला और गेवाल को बताते हैं कि निम्मी की शादी नवीन से नहीं हो रही। जिससे हो रही है, वह अमेरिका में डॉक्टर है। नवीन ने रात को उन्हें सब कुछ बता दिया था। नवीन की पत्नी है, निम्मी जितनी उम्र की एक बेटी भी है, लेकिन फिर? कपिला के दिल में सवाल उठता है। पर वह पूछती नहीं। क्या सब सवालों का जवाब होता है? निम्मी तो कहती थी, दस दिन बाद हमारी शादी है। कपिला को अब याद आया कि निम्मी हमेशा हम बोलती है। मैं नहीं। सूखे पत्तों की चर्र–चर्र की आवाज़ आ रही है। दोनों बच्चियाँ नवीन की कॉटेज से अपनी कॉटेज की तरफ़ लौट रही हैं। वह हमेशा भागती हैं, चलती नहीं। दरवाज़े पर खड़ी हैं। हाँफ रही हैं।

"अंकल नाराज़ हो गये," एक बच्ची।

"स्टैचू नहीं खेलते," दूसरी बच्ची।

कपिला खड़ी हो गयी। चीख़कर पूछा–

"हुआ क्या? ठीक से बताओ!"

"अंकल ने छाती पर हाथ रखा। मैंने स्टैचू कहा।" एक बच्ची।

"मैंने ओपन कहा, लेकिन वह हाथ उठा नहीं रहे।"

कपिला नवीन की कॉटेज की ओर भाग रही है। छोटे–छोटे दृश्य उसके चारों ओर उसके साथ भागते हुए। पहले दिन जब नवीन ने निम्मी को उठाना चाहा था तो निम्मी ने रोक क्यों दिया था? नवीन के चेहरे पर अंगारे क्यों दहकते थे? उसके ऊपरवाले होंठ पर हमेशा पसीना क्यों आया रहता था? निम्मी उसे धीरे चलने को क्यों कहती थी? साथ भागते दृश्यों में पहले पढ़ी टैनिसन की कविता की एक लाइन क्यों शामिल हो गयी है? लाल सुर्ख़ गालों को देखकर लिखी टैनिसन की लाइन–मौत के भयावह गुलाब...नवीन को हार्ट अटैक ...उसके अन्दर का डॉक्टर बताता है।

वह कमरे में पहुँचती है। सारे छोटे–छोटे दृश्य आपस में जुड़ गये और सोफ़े के पास गिरे नवीन के पास बैठ गये। ग्रेवाल उसका डॉक्टरी बैग उठाये वहाँ पहुँच गया। बैग कपिला की तरफ़ बढ़ाया।

"नहीं, नवीन मर चुका है।"

"मैं कहता हूँ चेक करो। बको मत।" ग्रेवाल दहाड़ता है। मेजर साहब अन्दर आते हैं। ग्रेवाल की बाँह पकड़कर कहते हैं–

"ही इज़ डैड।"

नवीन की मुट्ठी में काग़ज़ का टुकड़ा। कपिला एक–एक करके उसकी कसी मुट्ठी की भरी हुई उँगलियाँ खोलती है, काग़ज़ का टुकड़ा बाहिर निकालती है, पढ़ती है–

"मेरी बेटी को बुला लें..." इस वाक्य के आगे दिल्ली का टेलीफ़ोन नम्बर लिखा हुआ है।

बीस का नोट

उस झुलसा देनेवाली गर्मी की दोपहर को प्रोफ़ेसर नलिन शर्मा एक बजे कॉलेज से घर लौटे। पत्नी और बेटी कुछ दिनों के लिए दिल्ली गयी थीं। इसलिए घर के बाहर का लोहे का दरवाज़ा बन्द और चाबी उनके जेबी–बटुए में। यहाँ रखने के लिए पत्नी ने ताकीद दी थी जेबें कम होती हैं और प्रोफ़ेसर शर्मा के पास कॉलेज जाते समय बहुत–सा जेबी सामान निकालते चाबी कहीं भी, कभी भी गुम–गिर सकती है। इसलिए सबसे सुरक्षित स्थान जेबी–बटुआ। शर्मा जी ने कॉलेज–किताबें बगल में दाबीं, बटुए से चाबी निकाली और एक तरह से ताला उँगलियाँ झुलसा गया। उन्होंने एकदम उसे छोड़ दिया। ताला मोटे टीन के बने गेट से टकराया और टन्न की आवाज़ हुई। पास के पेड़ पर बैठे–बैठे हाँफ रही चिड़िया ने गर्दन उठायी, समझ गयी कि कोई ख़तरा नहीं कि उड़कर दूसरे पेड़ पर जाये और लगातार इस आदमी की तरफ़ देखने लगी जो इतनी गर्मी में सूरज के नीचे खड़ा पता नहीं क्या कर रहा है। चिड़िया ने सोचा ज़रूर होगा कि यह आदमी अन्दर क्यों नहीं जाता।

उन्होंने जेब से रूमाल निकाल ताला पकड़ा, खोला और घर के बरामदे में आ गये। रूमाल गोल बाग–कुर्सी पर रखते हुए पत्नी की छेड़–छाड़ याद आयी और इतनी गर्मी में भी होंठों पर मुस्कान आ गयी। उन्हें अपने हाथों से कुछ अतिरिक्त मोह है। लम्बी–पतली उँगलियाँ। उजली रोशनी की मोटी लकीरों की–सी। लोग तो खाने के बाद साबुन से हाथ धोते ही हैं, वह चाय पीने के बाद भी दो बार साबुन लगाते हैं। पत्नी ने शिकायत की थी छेड़खानी वाली–"नहाने का साबुन सात दिन चलता है, हाथ धोने का तीन दिन। कहीं पाकीजा वाले राजकुमार ने आपके हाथ देख लिए होते तो मीना कुमारी के पैरों के लिए कभी न कहता कि इतने ख़ूबसूरत

हैं।" कोई भी उनके हाथों को लेकर मजाक करे तो इस उमर में भी उनका मुँह लाल हो जाता है। कॉलेज में विज्ञान पढ़ाते हैं, भरपूर कोशिश के बावजूद ब्लैकबोर्ड पर चॉक से कुछ लिखना पड़ जाता है। लड़के–लड़कियाँ साफ़ देखते हैं कि चॉक पकड़ते वक़्त उनकी पतली नाक चढ़ जाती है और लिखने के बाद लगातार रूमाल से हाथ रगड़–रगड़ साफ़ करते हैं।

अन्दर आये। किताबें मेज़ पर रखीं, पैर चारपाई की बाँह पर रख बूट के तस्मे खोलने के लिए नीचे झुके और फ़र्श पर गिरते–गिरते बचे। सीधे हुए, शरीर का सन्तुलन शायद बिगड़ गया था इसलिए एक पैर मज़बूती से फ़र्श पर टिकाया, दुबारा तस्मे खोलने के लिए अधझुके और फ़र्श पर पूरी तरह गिर गये। उठने से पहले लगा कि चेहरे पर पसीना बह रहा है। हाथ फेरकर पोंछा। हथेली देखी, ख़ून से लाल, सबसे पहली चिन्ता उन्हें हुई कि हाथ ख़राब हो गया। तपते मस्तिष्क ने चेतावनी दी–बेवकूफ़। इच्छाशक्ति ने आख़िरी हल्ला मारा, उठे, लड़खड़ाते क़दमों से बाहर आये, लोहे के गेट को कुहनी से धक्का दे खोला, लगभग दो सौ मीटर दूर पड़ोसी के बन्द दरवाज़े के सामने पहुँचे। उसे दोहत्थड़ पीटा और बेहोश हो नीचे गिरते वक़्त दरवाज़ा पीटने का दृश्य ही याद रहा उन्हें। और कुछ नहीं, बिल्कुल कुछ नहीं।

जब होश आया तो हैरान। यह लाइट किसने जला दी। आसपास निगाह घुमायी, यह तो घर नहीं। थोड़ा–सा डर लगा। नर्स पास आयी, वर्दी में। समझ गये कि सैनिक अस्पताल है। वह बाहर गयी, लौटी, साथ पक्की उमर के सरदार अफ़सर। दिमाग पर ज़ोर हो इससे पहले उसने परिचय कराया, "मैं हरकीरत सिंह, कर्नल हरकीरत सिंह। अब कैसा लग रहा है, प्रोफ़ेसर साहब।" कर्नल हरकीरत सिंह उन्हें इतनी गम्भीर नज़र से क्यों देख रहे हैं लगातार। हाथ–पैर हिलाकर देखे, ठीक। हाथ आँखों के सामने किया और ख़ून लिथड़े हाथ का दृश्य टुकड़ा याद आ गया, पड़ोसी के घर तक चलना याद आ गया, लगातार दरवाज़ा पीटना याद आ गया और वह एकदम डर गये।

"मुझे क्या हुआ? यहाँ कौन लाया।"

"आपको ब्रेन–हैमरेज का अटैक हुआ है। बच गये क्योंकि ख़ून मुँह से निकल गया। नहीं तो। ज़रा दोनों टाँगें हिलायें।"

उन्होंने टाँगें हिलायीं, हिलीं। कर्नल की आँखों से चिन्ता सरकी, "आपको जब यहाँ लाया गया तो बायीं तरफ़ लकवा हो चुका था। गॉड और गुड्डी ने आपको बचा लिया।"

गुड्डी। कर्नल साहब की बेटी। उनसे पढ़ती है। एक महीना बहुत बीमार रही, कॉलेज नहीं आ सकी और उसे इसी साल मेडिकल कॉलेज में दाख़िले के लिए प्रतियोगी–परीक्षा में बैठना है। कर्नल साहब आये थे घर कि शर्मा जी पढ़ा दें, बेटी का 'कॉन्फिडेंस शेक' हो गया है। जवाब में गुड्डी को डाँटा था, "पिताजी को साथ क्यों लायी। मुझे क्या पता नहीं, तुम बीमार रही हो। सुबह सात बजे घर आना शुरू कर दो। दस दिन में कोर्स कवर हो जायेगा।" पिता ने उठते हुए पूछा था, "प्रोफ़ेसर साहब, कितनी ट्यूशन?" उन्हें छोटा–सा गुस्सा आया था, "अब बेटी की बीमारी के मैं पैसे लूँगा। मैं टीचर हूँ, व्यापारी नहीं।" पिता ने बाहर निकल अपना परिचय दिया था, "मैं कर्नल हरकीरत सिंह हूँ। मिलिट्री अस्पताल का सी.ओ.।"

"आपसे तीख़ा बोला। सॉरी।"

"बड़े दिनों बाद डाँट खायी। थैंक्स।"

दरवाज़ा खोल गुड्डी अन्दर आयी। चारपाई पर पास बैठी। आँखों में पानी। उसने बताया, "सर, आपके पड़ोसी ने कॉलेज में बेहोश होने की ख़बर दी। मैं उस टाइम प्रिंसिपल के ऑफ़िस में अपना फॉर्म अटैस्ट करवा रही थी। वहीं से पापा को फ़ोन किया। वह एम्बुलेंस लेकर पहुँच गये।"

उन्होंने सिरहाने के नीचे हाथ से टटोला, सिगरेट की डिबिया नहीं मिली। पूछा गुड्डी ने, "सर। सिगरेट पीने का मन कर रहा है।" उन्होंने हाँ में सिर हिलाया। बेटी ने डॉक्टर बाप की तरफ़ सलाह माँगती आँखों से देखा। पलभर के लिए पिता की आँखों में असमंजस फिर नर्स से कहा, "अर्दली से बोलो इनके लिए सिगरेट ले आये।"

"येस सर। कौन–सा ब्रांड।"

"चारमीनार", जवाब गुड्डी ने दिया। नर्स बाहर गयी तो उसने पूछा, "सर। मैडम का दिल्ली का पता या फ़ोन नम्बर दें। पापा कहते हैं बुलाना चाहिए।" उन्होंने सोचकर बता दिया, असफल, "पता तो मैं भूल गया।"

"मैं आपकी डायरी से देख लूँ सर।"

"सिली गुड्डी। ससुराल का पता कोई डायरी में थोड़े लिखता है," वह एकदम घबरा गये, कर्नल से पूछा, "डॉक्टर साहब। मुझे पता याद क्यों नहीं आ रहा। क्या मेरी मैमरी...।"

"कुछ नहीं हुआ आपकी मैमरी को। गुड्डी को पहचान लिया कि नहीं। कई बार थोड़े वक़्त के लिए याद्दाश्त कमज़ोर पड़ जाती है। कल तक आ जायेगा याद। जस्ट रिलेक्स। आप बिल्कुल बच गये। जानते हैं क्यों? आप बिल्कुल हैल्दी हैं। परफैक्ट हैल्थ।" अर्दली अन्दर आया, उनकी तरफ़ डिबिया, माचिस बढ़ायी, पकड़कर पूछा, "पी लूँ कर्नल साहब।"

"गो अहेड प्रोफ़ेसर। कोई आर्मी वाला अस्पताल में सिगरेट पिये तो हम लोग चार्जशीट कर देते हैं। आप सिविलियन तो फ्री बर्ड्ज़ हैं" उन्होंने छेड़ा, "हाँ। सुबह बेड–टी के अलावा और कुछ न लें। आपके बहुत से टैस्ट्स करने हैं। मैं चलता हूँ। सी यू इन दा मॉर्निंग।" फिर बेटी से कहा, "थोड़ी देर ही बैठना। सर से पूछ लेना क्या खायेंगे। फ़ोन करके घर से मँगवा लेना।"

अब प्रोफ़ेसर शर्मा को समझ आया कि कर्नल साहब ने क्यों कहा था कि गॉड और गुड्डी ने बचा लिया। कोई बड़ी एमरजेंसी हो तो ही किसी सिविलियन को मिलिट्री अस्पताल में दाख़िल करते हैं और गुड्डी उस समय प्रिंसिपल के दफ़्तर न होती तो क्या वह मर...। उन्होंने डरकर सिगरेट बुझा दी।

तीसरे दिन उन्हें सब कुछ याद आ गया, एक साथी प्राध्यापक ने बताया कि बाक़ी लोग क़िस्म–क़िस्म की बातें कर रहे हैं–शर्मा मरते–मरते बचा और पत्नी अब तक नहीं आयी। वह जानते हैं बहुत से साथी उनसे खार खाते हैं–उनकी इस मुफ़्त पढ़ाने की आदत से, जो दूसरों की अतिरिक्त रोज़ी–रोटी ट्यूशन पर लात मारता है। लेकिन शर्मा क्या करें। कैसे भूलें वे दिन जब रोज़ आठ किलोमीटर अपने गाँव से पैदल चल कॉलेज पढ़ने आते थे। एक बिल्कुल मामूली किसान का बेटा, चप्पा–भर ज़मीन के मालिक का बेटा। स्कूल के हैडमास्टर ख़ुद साथ आये थे दाख़िल कराने। नलिन शर्मा साइंस पढ़ेगा। स्वयं प्रिंसिपल ने पूछा था कि क्या डॉक्टर, इंजीनियर बनने का इरादा है। नहीं, वह टीचर बनेगा। हैडमास्टर साहब ने घर के हालात के बारे में कुछ संकेत किये। फ़ीस मुआफ़, किताबें मुफ़्त, और थोड़े दिनों बाद विज्ञान विभाग के अध्यक्ष ने ख़ाली पीरियड में नलिन को पढ़ाना शुरू कर दिया। बिना कोई पैसे लिए। यह उन अच्छे दिनों की बातें हैं जब अच्छे लोग होते थे, जब आदमी की क़ीमत नहीं आँकी जाती थी दौलत से अथवा समाज में उसके रुतबे से। वह बी.ए. में था तो विज्ञान विभाग–अध्यक्ष

रिटायर हुए तब तक प्रोफ़ेसरों को ट्यूशन–रोग लग चुका था। उनसे कहा था, "मुझे नलिन। सिर्फ़ विद्या एक ऐसा दान है जो देने से बढ़ता है। तुम जब प्रोफ़ेसर बन जाओ तो कम–से–कम एक लड़के को बिना पैसे लिए ज़रूर पढ़ाना। लेना, अमीरों से ज़रूर पैसे लेना। लेकिन किसी की मजबूरी, बीमारी या ग़रीबी से कभी कमाई मत करना। तब तुझे खुद मान मिलेगा, अपनी आँखों में। अगर कोई भगवान हैं तो अच्छे काम का अच्छा फल देंगे। वे हिसाब कभी पेंडिंग नहीं रखते।"

और एम.एससी. करते हुए उसने अपने साथी लड़कों को पढ़ाना शुरू कर दिया। नम्बर किसी और के अच्छे आते थे और नशा उसे आता था। अच्छे काम में अच्छे लोगों का साथ मिलता है। तब से सिलसिला शुरू हो गया अच्छे दोस्तों और अच्छे विद्यार्थियों के दायरा बनने का, जो हर साल थोड़ा बड़ा हो जाता है। शुरू–शुरू में पत्नी हैरान हुई थी कि बाक़ी प्रोफ़ेसरों की तरह वह पढ़ाई के ऊपर की कमाई क्यों नहीं करते। अपने कॉलेज के दिनों के कुछ हिस्से, क़िस्से, उसे बताये कि कैसे अपने गुरुओं की कृपा से उन्हें सब कुछ मिला– अच्छे अंक, अच्छी नौकरी और अच्छी पत्नी। अपने ज्ञान का कुछ हिस्सा तो गुरु–दक्षिणा में वापिस करना चाहिए न।

सैनिक अस्पताल वाले अगर भरती कर लें तो छुट्टी अपनी मर्ज़ी से देते हैं। सात दिन जाने कौन–कौन से टैस्ट किये, डॉक्टरों का बोर्ड बैठा। बीमार होने का कारण तो नहीं मिला लेकिन बिल्कुल बच जाने की वजह उन्होंने खोज निकाली– परफैक्टली हैल्दी मैन–सम्पूर्ण स्वस्थ आदमी।

साथी प्रोफ़ेसर ने दिल्ली फ़ोन करके ख़बर दी कि प्रोफ़ेसर नलिन को बुख़ार है। क्योंकि फ़ोन पत्नी की माँ ने सुना, जवाब भी उन्होंने दिया था, "भई नलिन को बुख़ार है तो किसी डॉक्टर को बुलायें। हाँ, अगर बुख़ार मेरी बेटी की जुदाई से चढ़ा है तो आज ही भेज दूँ। और नलिन से पूछना तुलसीदास कब से बन गया।" सास को साहित्य का चस्का है, बातों के रस का चस्का। एक बार यहाँ रही, दोनों को इतना हिल–मिल कर जीते देखा तो तुलसीदास वाला क़िस्सा सुनाया था। कैसे लटकते साँप को रस्सी समझ घरवाली से मिलने उसके कमरे में पहुँचा। कैसे

पत्नी के वाक्य ने उसे कवि बना दिया। बेटी को भी नहीं बख्शा था, "सुन। ज़रा हाथ खींचकर रहा कर। नलिन कहीं कवि न बन जाये, फिर रहेगी मलती हाथ हमेशा।"

"पत्नी अपनी तय–तारीख़ पर ही दसवें दिन बाद दोपहर वापिस आयी। उनके साथी प्रोफ़ेसरों और कुछ लड़के–लड़कियों को घर में बैठा देखा तो थोड़ा चिढ़ गयी–भला बुख़ार में इतने भक्त क्यों? साथी प्रोफ़ेसर ने उसे दूसरे कमरे में बीमारी का छोटा–सा हिस्सा बताया, कैसे गुड्डी के कारण शर्मा जी एकदम सैनिक अस्पताल पहुँचे, नहीं तो...। जब सब चले गये तो पत्नी पहले रूठी, फिर उन्हें डाँटा कि ख़बर क्यों नहीं भेजी। यह सुनकर कि पता भूल गया था पहले हैरान हुई फिर बिल्कुल परेशान। शर्मा जी ने सिगरेट पीने के लिए डिब्बी उठायी तो छीनकर बाहर फेंक दी। इसी की वजह से बीमार पड़े। प्रत्येक पत्नी की तरह सिगरेट उसका भी शत्रु नम्बर एक है। शाम को कर्नल साहब गुड्डी के साथ आये। उनकी नब्ज़ देखी–तेज़। चेहरा देखा–तनाव। पूछा, "प्रोफ़ेसर। यू आर टैंस। क्यों? पल्स भी तेज़ है। कुछ उल्टा–सीधा खाया–पीया क्या?"

"सिगरेट नहीं पिया।"

"क्यों नहीं पिया। गो अहेड। स्मोक।" कर्नल चेहरे से समझ गये पत्नी ने टोका होगा। उसे समझाया, "मैडम। इनको बिल्कुल वैसे ही जीने दो जैसे बीमारी से पहले जीते थे। डोंट मेक हिम टैंस। एक सिगरेट पीने से उतना नुक़सान नहीं होता जितना इसके न पीने की ज़िद से, जो टेंशन बढ़ाती है। इन लोगों को तो अभी तक बीमारी का रीज़न भी पता नहीं चला। यू आर लक्की। बिल्कुल बच गये। लकवा शुरू हो चुका था। लैट हिम लिव ए नार्मल लाइफ़। अदरवाइज़...।

कर्नल साहब की यहाँ से ट्रांसफ़र हुई। चले गये लेकिन छोड़ गये पीछे अपना अदरवाइज़।

हाथ, जिनसे वह मोहग्रस्त हैं, बिल्कुल लाल–सुर्ख़ रहने लगे और फिर सिर के बाल गिरना शुरू हो गये। और अब हुआ सिलसिला शुरू एक के बाद एक डॉक्टर के पास जाने का, बदलने का। कभी नब्ज़ की गति तेज़ और कभी रक्तचाप या तो एकदम ऊँचा या फिर एकदम नीचा। क्लास में बोलना तो दूर, लेटे साँस फूलनी शुरू हो गयी। पत्नी संगीत और साहित्य की दीवानी है। जानती है बीमारी न ठीक होने की बात करना

चिन्ता बढ़ाना है। एक बार छेड़ा भी–"क्यों प्रोफ़ेसर नलिन शर्मा, कहीं कोई चक्कर–वक्कर तो नहीं चल रहा। किसी डॉक्टर की दवाई नहीं लगती। का करे वैद बेचारा।" जानती वह भी है कि कुछ हो गया है, जैसे पेड़ के अन्दर लगा घुन जो दिखता चाहे नहीं, लेकिन अन्दर ही अन्दर खोखला करता है। और घुन लगा बड़े से बड़ा पेड़ किसी भी दिन धड़ाम...।

जितने लोग उतनी सलाहें। हर हिन्दुस्तानी बीमारी और राजनीति का विशेषज्ञ है। किसी से किसी भी बीमारी की बात करो झट से इलाज बतायेगा। हर आदमी के पास हल है किसी भी समस्या का। एक परिचित ने सलाह दी–एक घण्टे में एक सिगरेट पीयें। और सिगरेट ख़त्म होते ही वह घड़ी देखना शुरू हो जाते, कब पूरा हो एक घण्टा और दूसरा सिगरेट लगायें। तब तक रक्तचाप बढ़ जाता। दूसरे ने सलाह दी रुद्राक्ष की माला डालें, मान गये। करवट बदलते, माला चुभती और कच्ची नींद खुल जाती। नब्ज़ की गति एकदम नीचे। बहुत सारे दिल–धड़कन मापने वाले चार्ट। फाइल में लग गये और नब्ज़ की गति–दबाव का बीमार इतिहास हर रोज़ लम्बा होना शुरू। उन्हें निश्चय हो गया, बचेंगे नहीं। इसलिए पचास हज़ार का बीमा करवा लिया, बिना पत्नी को बताये। हाल–चाल पूछने वाले भी अब कम आते हैं। शायद एक ही आदमी और एक ही विषय से उकता चुके हैं।

एक शाम राकेश चौधरी अचानक घर आया, उनसे पढ़ा है। आजकल चण्डीगढ़ में डॉक्टर है। अन्दर आते ही पहले पैर छुए और फिर हमेशा की तरह गुस्से में बोला, "गुरु जी, आप इतने बीमार रहे, ब्रेन–हैमरेज का अटैक हुआ और मुझे ख़बर तक नहीं की। एक नालायक डॉक्टर हूँ, लेकिन पढ़ाया तो आपका हूँ न। तैयार हो जायें। पी.जी.आई. में दाखिल कराऊँगा, देखें सुसरी कौन–सी बीमारी ने जकड़ लिया।"

सारे देश में चाहे गुरु शब्द अब राजनैतिक गाली बन गया हो लेकिन महाभारत–भूमि हरियाणा में गुरु–शब्द की गरिमा–महिमा अभी तक कायम है। डॉक्टर बनने के बाद भी राकेश चौधरी के लिए इस शब्द में न राजनीति की बू है न उच्च–वर्ग वाली बदबू। अब भी वह वैसे का वैसे ग़ुसैल है। परीक्षा शुरू होने वाली थी। ज़मीन के झगड़े को लेकर उसने युवा कांग्रेस के प्रधान को सरेआम मारा था–अधमुआ करके छोड़ा। पुलिस ने पकड़ा, युवा कांग्रेस वालों ने पुलिस पर दबाव डाला जमानत न होने दें–ससुरे

का साल जाये, बन दिखाये डॉक्टर। नलिन शर्मा ख़ुद जज से मिले थे, उसके घर। और अगले दिन राकेश चौधरी की जमानत हो गयी। परीक्षा दी, मेडीकल कॉलेज रोहतक में दख़िला मिल गया और अब कर रहा है एम.डी., चण्डीगढ़ पी.जी.आई. से। उन्होंने फीकी हँसी के साथ कहा, "तू डॉक्टर बन कर भी नहीं बदला राकेश। हर वक़्त दहाड़ता। मरीज़ तो तेरी आवाज़ सुनकर काँप जाते होंगे।"

"सच बात पर दहाड़ूँगा नहीं तो क्या बांसुरी बजाऊँगा। आपके पास सारी रिपोर्ट्स हैं न। निकालिए, साथ ले चलेंगे।"

"पता नहीं इन्हें क्या बीमारी लग गयी राकेश। भगवान जानें ठीक हों...।" उसने बात बीच में काटी, "मेरे सामने आप हारने वाली बातें तो करो मत। बीमारी में भगवान कहाँ से आ गये बीच में। यहाँ ठीक इलाज न हुआ तो अमेरिका ले जाऊँगा। ससुरी दो किल्ले ज़मीन ही तो बेचनी है। बंसीवाले की कृपा से बहुत कुछ है। बस, आप तैयार हो जायें। इसी पल। हमारे गुरु डॉक्टर साही, दुनिया के मशहूर डॉक्टरों में से हैं।"

"लेकिन उनकी फ़ीस तो सुना है..."

"पता नहीं। शरीर का अपना एक संगीत होता है और किसी साज़ की एक तार भी ख़राब हो जाये तो बेसुरा हो जाता है। आपका सब्जैक्ट साइंस है। म्यूज़िक या लिट्रेचर में इंटरेस्ट है आपको।"

"नहीं।"

"कुछ कैसेट ख़रीद लें। जैसे कुमार गन्धर्व के निर्गुण भक्ति के भजन। जब भी थोड़ी थकान महसूस हो, सुनें, बहुत ऊँची आवाज़ में। अकेले कमरे में, लाइट बुझाकर, आँखें बन्द करके।"

नलिन शर्मा हैरान। पी.जी.आई. के डायरेक्टर हैं कि किसी आश्रम के सन्त। साही ने उनकी हैरानी भाँप ली, "प्रोफ़ेसर साहब। पैंतालीस साल की उमर तक हम शरीर पर ख़ूब जुल्म करते हैं। वह सह लेता है। इस उमर के बाद शरीर शुरू कर देता है इन जुल्मों का बदला लेना। इसे सहलाकर, पुचकारकर रखना पड़ता है। आप कोई गेम खेलते हैं। बैडमिंटन वगैरह।"

"नहीं।"

"कोई बात नहीं।" आपको याद है मैट्रिक तक स्कूलों में सुबह की सैर का प्रस्ताव लिखाया जाता था। मास्टर कोई बेवकूफ़ थोड़े होते हैं कि गत सब्जैक्ट पर प्रस्ताव लिखायें। आप सुबह की सैर..."

"शाम को कर लूँ डॉक्टर साहब। सुबह आठ बजे मेरा पहला पीरियड...।"

"नहीं। सैर तो सुबह करनी है। सूरज निकलने से पहले जब सड़क पर न लोग हों न ट्रैफ़िक का शोर और अपने आपको थकाना बिल्कुल नहीं। तेज़ भी नहीं चलना। बॉडी को रिद्म में आने दीजिए।"

"फिर कब दिखाने आऊँ।"

"प्रोफ़ेसर साहब। दिखाने नहीं, मिलने। आप डॉक्टर राकेश के गुरु हैं, इस नाते मेरे भी गुरु। यह घर आपका अपना है। आप ठीक हो जायेंगे, एकदम ठीक। कोशिश करें, कुछ लिट्रेचर की किताबें पढ़ने की। हम साइंस वाले मैटर, पदार्थ की बातें करते हैं और लिट्रेचर वाले, आत्मा–परमात्मा की। हमसे आगे हैं वे लोग। थोड़ा बहुत पढ़ना शुरू कर दें। शुरू में आपको फ़िज़ूल की बातें लगेंगी लेकिन शरीर का भी कोई कंट्रोल–रूम ज़रूर होगा। इसे कोई–सा नाम दे लें– आत्मा–परमात्मा–नेचर। आप ठीक हो जायें तो एक बार मिलने ज़रूर आयें।"

उन्होंने सुबह की सैर शुरू कर दी। मौसम सर्दियों का। पहली सुबह जब सूरज उगने से पहले घर से निकले तो ठण्ड ने ज़ोर की घुड़की दी, उनके कानों पर चुटकी काटी। एक बार मन किया गर्म–नर्म रज़ाई में वापिस लौट आयें। डॉक्टर साही की सलाह ने हौसले का हाथ पकड़ा और वह खुली सड़क पर पहुँच गये। रात ने अभी भी अँधेरे का कम्बल ओढ़ रखा है, काली सड़क पर काला अँधेरा तैरता हुआ। खोखे के नीचे सिकुड़कर लेटे एक कुत्ते ने इनकी तरफ़ देखा, थोड़ा–सा मुँह खोला कि भौंक मारे। फिर बन्द कर लिया। दाँत और जीभ जो ठण्डे हो जायेंगे।

अभी शायद चार–पाँच सौ मीटर ही चले कि टाँगें काँपनी शुरू हो गयीं शरीर का बोझ उठाने से इनकार करते हुए। वह रुके, ख़ुद पर गुस्सा आया किसान का बेटा और चार क़दम चल थक जाये।

बीस साल से ऊपर हो गये धरती से कटे। तब डॉक्टर साही की बात याद आ गयी कि इस उमर में शरीर सारे अत्याचारों का बदला लेना शुरू कर देता है। साँस का सुर बँधा, उन्होंने फिर से चलना शुरू कर दिया। एक आदमी भागता हुआ उनके पास से गुज़रा। गर्दन मोड़ उन्हें चलते देखता रहा, मुड़ा। उनके पास पहुँचा और साथ–साथ चलना शुरू कर दिया। खाकी नेकर। खाकी कपड़े के जूते, उन्हें मुँह–अँधेरे में भी दिखाई दिये। तो सेना में जवान है।

"राम राम साहब।"

"राम राम भाई!" भाई शब्द सुनकर उसे हौसला हो गया कि अफ़सर नहीं, बात की जा सकती है।

"साहब। आप ठीक तरह से नहीं चल रहे। ज़मीन पर पहले एड़ी रखिए, फिर पंजा।" उन्होंने ऐसा ही किया, काँपती टाँगों को अच्छा लगा।

"मेरी तरफ़ देखें। हाथ अपनी छाती के सामने कर लें। मुट्ठियाँ खोल लें। बिल्कुल ढीले छोड़कर कुहनियों के नीचे वाले हिस्से को दायें–बायें घुमायें।" उन्होंने वैसा किया लेकिन दोनों हाथ साथ–साथ नहीं हिले।

"साहब, ताल–मेल बैठने में थोड़ा टाइम लगेगा। आपको रुके हुए देखा। थक जायें तो चलना बिल्कुल बन्द कर दें। लम्बी साँस लेकर पेट में ख़ूब सारी हवा भरें, धीरे–धीरे छोड़ें। अच्छा, मैं चला। वापसी पर मिलते हैं," उस जवान ने गति पकड़ी, थोड़ी दूर के बाद वह भागता हुआ यूँ दिखा जैसे मानव आकार का अँधेरा टुकड़ा सैर करने निकला हो।

पैरों और हाथों में सुर–ताल बैठनी शुरू हो गयी। कानों से ठण्ड की चुटकी खुली और नाक के सिरे पर आ बैठी। उन्होंने हथेली के पिछले हिस्से से नाक मली। हैरान हुए कि नाक पर गर्म पसीने की हल्की–सी गर्माइश है। थोड़ा और तेज़ चलना शुरू हो गये।

सिर ऊपर उठाकर देखा। पेड़ों की बिल्कुल ऊपर वाली टहनियों पर अँधेरा थोड़ा–सा फीका–पीला होना शुरू। सूरज बिस्तर से बाहर आ गया, यात्रा शुरू करने से पहले उसने जम्हाई ली, उजाला छिटका और ऊपर की टहनियों पर गिरा। वह रुके। जैसा उस जवान ने समझाया लम्बी साँस पेट में भरी। धीरे–धीरे बाहर छोड़ी। शरीर की थकान भी साँस के साथ–साथ बाहर सरकी। जेब में हाथ डाल सिगरेट की डिबिया निकाली, एक सिगरेट जलायी, पहला लम्बा कश खींचा और बिल्कुल हैरान हो गये कि बीस साल में पहली बार मुँह कसैला हो गया। सिगरेट सड़क पर फेंक जूते से मसल दी। आँखें फिर ऊपर उठीं। पीली रोशनी ऊपर की टहनियों की उँगली पकड़ धीरे–धीरे नीचे सरक रही है, ऊपर की टहनियों के रोशनी–नहाये पत्ते नीचे की टहनियों के काले पत्तों की तरफ़ देख, मुँह–चिढ़ा नाच रहे हैं। उन्होंने साफ़ देखा प्रकाश की छुअन–भर से सर्दी से सिकुड़े अध–लिपटे पत्ते खुल जाते हैं और मुँह पर प्रकाश के छींटे मार नाचना शुरू। दायें हाथ की उँगलियों से बायीं कलाई पर नब्ज़ टटोलकर पकड़ी, धड़कन की छुअन

बिल्कुल बराबर। इतनी लम्बी बीमारी में उन्हें अपनी नब्ज़ देखना आ गया है, पता चल जाता है कि गति धीमी, तेज़ अथवा बराबर है कि नहीं।

घर की तरफ़ लौटे। अब एक बार भी साँस लेने के लिए रुकना नहीं पड़ा। अन्दर आये। आईने में चेहरा देखा, थोड़ा गीला। हाथ तौलिए से पोंछा। पत्नी ने चाय का गिलास पकड़ाया, पूछा, "थके तो नहीं।" उन्होंने घूँट भर न में सिर हिलाया। वह अब भी खड़ी की खड़ी। रसोई में जाती क्यों नहीं। उन्होंने कॉलेज जाना है, बड़ी बेटी ने कॉलेज जाना है, क्या आज नाश्ता नहीं बनाना। शायद कुछ बात करनी हो इसलिए खड़ी है। उन्होंने ख़ाली गिलास उसकी तरफ़ बढ़ाया, वहीं की वहीं खड़ी।

"क्या बात है। इस तरह क्यों देख रही हो।"

"बीस साल में पहली बार आपने चाय के साथ सिगरेट नहीं लगायी।" वह थोड़ा डरी आवाज़ में बोली, "तबीयत ठीक तो है न।"

"मन नहीं किया। सैर करते हुए एक सिगरेट जलायी। कश लिया तो मुँह कड़वा हो गया," जवाब देते वह झेंप गये क्योंकि वह सारे झगड़े और मनमुटाव याद आ गये जो बहुत सिगरेट पीने की वजह से आज तक पत्नी से हुए हैं। अरसे के बाद पत्नी का चेहरा एक सुखद–सुरक्षित मुस्कान में नहा गया दिखा, रसोई की तरफ़ लौटते सलाह दी, "जब मन करे तो पी लेना।" राकेश चौधरी ने उसे भी बताया था कि डॉक्टर साही ने क्या सलाहें दी थीं।

वह कॉलेज गये तो क़दमों में आत्मविश्वासी चुस्ती और क्लास में महीनों पहले वाला घरेलू वातावरण। पिछले कुछ महीनों से लड़के–लड़कियाँ साफ़ महसूस कर रहे थे कि वह पढ़ाते तो हैं लेकिन खीझ के साथ। उनका पढ़ाया समझ तो आता है लेकिन पढ़ने में पहले वाला आनन्द नहीं। पुराने अच्छे दिन लौट आने की ख़ुशी उनके दिलों में फिर उग आयी।

ख़ाली पीरियड में प्रोफ़ेसर कैंटीन के सामने बनी बगीची में बैठते हैं। वह अंग्रेज़ी और हिन्दी वालों के पास बैठने से हमेशा से कतराते आये हैं। कविता की एक लाइन अथवा शब्द को लेकर यह लोग कितनी बहस करते हैं और उनके हिसाब से यह समय बर्बाद करना है। आज वह उनके पास बैठे। प्रोफ़ेसर सूरी ने छेड़ा, बुजुर्ग हैं, नाम लेकर बुलाते हैं, "नलिन। आज सूरज किधर से निकल आया। साइंस वाले हम साहित्य वालों के पास।" वह झेंपे, जवाब नहीं दिया। अंग्रेज़ी में नये लेक्चरर आये

हैं डॉक्टरेट करके इसलिए गर्दन एक कोण–विशेष पर हमेशा तनी हुई–मैं तुमसे ऊँचा हूँ भाव के साथ।

उसने पूछा, "सूरी साहब आज यीट्स पढ़ा रहा..."

"डॉक्टर साहब। येट्स बोलिए। बेचारा क़ब्र में करवटें बदलेगा कि हम लोगों ने नया नामकरण कर दिया।" सारा स्टाफ उन्हें सर बुलाता है, लेकिन साहित्य का डॉक्टर उन्हें नाम लेकर। और प्रोफ़ेसर सूरी, हर बात में हँसी खोज लेते हैं।

"हाँ येट्स। उसकी पोयम पढ़ा रहा था। इन दो लाइनों में क्या तुक बैठी। बूढ़े आदमी के लिए कहा है–ए टैटर्ड कोट अपान ए स्टिक। और आगे लिखा है–सोल क्लैप इट्स हैंड एंड सिंग। जब बॉडी बूढ़ी हो गयी तो सोल कैसे गायेगी।"

"आप ठीक कहते हैं डॉक्टर साहब। हम लोगों को पढ़ाई तो आ जाती है लेकिन समझ और ज्ञान तो वक़्त लेता है न। शायद वर्ड्स्वर्थ ने कहा है–एजुकेशन कम्ज़ बट विसडम लिंगर्ज़। आप शायद जानते नहीं, बुढ़ापे में आदमी स्केरक्रो, खेत में परिन्दों को भगाने वाला–डरावा बन जाता है। और तब शरीर की इस कमी को आत्मा पूरा करती है। एक जागी हुई आत्मा। नृत्य करती, गाती आत्मा। डॉक्टर साहब अंग्रेज़ी के अलावा भूले से हिन्दी भी पढ़ लिया कीजिए। आपने शायद गीता नहीं पढ़ी। कभी नहीं चलती आत्मा शरीर की उँगली पकड़ कर।" पीरियड का समय हुआ सब उठे। उन्होंने डरते हुए प्रोफ़ेसर सूरी से पूछा? उनकी कठिन बीमारी के बारे में पता है, कन्धे पर हाथ रख जवाब दिया, "क्यों नही समझ आयेगा नलिन। तुम साइंस वालों का दिमाग़ दूसरों से तेज़ होता है। बस। जब लिट्रेचर पढ़ो तो थोड़ी देर के लिए लॉजिक को भूल जाओ। द वर्ल्ड ऑफ़ सोल इज़ बियांड लॉजिक। क्या इंटरनल ट्रुथ है–ए टैटर्ड कोट अपान ए स्टिक, अनलैस सोल क्लैप इट्स हैंड्ज़ एंड सिंग", प्रोफ़ेसर सूरी येट्स के नशे में अपनी क्लास–कमरे की तरफ़ चल पड़े। नलिन शर्मा मन्त्र मुग्ध बैठे रहे। कहीं छोटा–सा अहसास हो रहा है कि उनकी आत्मा शायद गाने लग पड़ी...।

अब जब पत्नी रसोई में अथवा किसी काम से बाहर गयी हो तो उसकी किताबों में हिन्दी–अंग्रेज़ी की कविताएँ पढ़ लेते हैं। सामने इसलिए नहीं कि हमेशा उसका मखौल करते थे–क्या फ़ालतू की किताबें पढ़ती रहती है।

झिझकते हैं, अब कहीं पत्नी जवाबी मखौल कर बैठी तो। इच्छा थी बेटी डॉक्टर बने लेकिन उसने साफ़ इनकार कर दिया–नहीं रहेगी वह सारी ज़िन्दगी बीमार–बू से भरे स्थानों पर। उसे माँ से लगी है साहित्य की लत। आजकल एम.ए. में है। माँ–बेटी बातें करती हैं, वह कान लगाकर सुनते हैं–प्रतीक, बिम्ब, उपमा और मिथ का मतलब उन्हें भी समझ आना शुरू हो गया। कभी–कभी चकित हो जाते हैं कि शब्दों से बाहर और परे भी छिपे हुए अर्थ होते हैं, विज्ञान वाले दो जमा दो चार से आगे और गहरे।

सुबह की सैर जारी है। चेहरे पर पहले वाली चमक लौट आयी। एक सुबह ऊँचे–गले का काला स्वेटर डाल जब कॉलेज निकलने लगे तो बेटी ने माँ से कहा, "मम्मी, पापा की सैर बन्द करवा दो।"

"क्यों?" दोनों हैरान।

"क्यों क्या। इनका चेहरा देखो, कोई चक्कर है। ही मस्ट बी इन लव। देयर आर रोज़िज इन हिज चीक्स।"

उनका मुँह लाल। बेटी हैरान, माँ से कहा, "मम्मी। पापा तो ब्लश करते हैं। बीसवीं सदी में लड़कियों का मुँह लाल नहीं होता और यह। बी ऑन यूअर गार्ड। ए मैन इज़ नॉट यैट फॉर्टी।"

ख़ुद तो बर्फ़ शिमला और आसपास की पहाड़ियों पर गिरती है और कुहरा इधर के पास वाले मैदानी इलाक़ों में भेजती है। सवेरे–सवेरे बरामदे में आये, जाती रात ने आज काले कम्बल की जगह लगभग सफ़ेद कुहरे की शाल ओढ़ रखी है। सड़क पर निकलने से पहले बरामदे में चलना शुरू हो गये। सैर वाले सैनिक दोस्त ने पास से भागकर गुज़रते एक और गुर बताया था, "साहब। सर्दी में एकदम बाहर मत निकलें। थोड़ी देर घर में चलकर जिस्म गर्मा लिया करें।"

वह सड़क पर तेज़ क़दमों से चल रहे हैं। सूरज निकला कि निकला। किरणों ने कुहरे की शाल में छोटे–छोटे सूराख़ करने शुरू कर दिये। सिर ऊपर उठाया। सबसे ऊपर वाली टहनी पर बैठी चिड़िया ने देखा कि साथ के पेड़ की ऊपर वाली टहनी पर रोशनी आ बैठी है। छोटी–सी उड़ान भरी, रोशन टहनी पर फुदक बैठी। उजली हो गयी टहनी हिली, साथ के पेड़ की टहनी की उसने उँगली पकड़ी और अपने हिस्से का थोड़ा–सा गर्म प्रकाश उस पर छिटका दिया। चिड़िया ने बिन खोले पंख हिलाये और आती सुबह के स्वागत में चहकी। नीचे की टहनियाँ ऊपर की टहनियों की तरफ़ उठीं और कोहरे की शाल पेड़ों ने उतारनी शुरू कर दी।

वह आगें बढ़े। रुक गये। पेड़ के नीचे सन्तरे–रंग की कोई चीज़ पड़ी थी। लौट कर देखें क्या है? नहीं। कुछ क़दम आगे बढ़ाये लेकिन उत्सुकता मन से निकल पैरों को पकड़ चुकी है। पीछे मुड़े। नीचे झुके, तह किया हुआ सन्तरी रंग का काग़ज़ उठाया, खोला, बीस का नोट। किसका हो सकता है? किसे लौटायें? लेकिन अपने आगे जाते कोई आदमी तो देखा नहीं। वापस फेंक देंगे तो कोई–न–कोई उठा लेगा। जेब में रखा। आगे जाने का मन नहीं किया। इस तरह अचानक कुछ मिलने की अपनी एक ख़ुशी होती है। अगर लॉटरी में हमारा दस रुपये का इनाम भी निकल आये तो दस लोगों को ज़रूर बताते हैं।

घर इतनी जल्दी लौटे, माँ–बेटी घबरा गयीं, कहीं फिर से...। बीस का नोट उन्हें दिखाया, "सड़क पर पड़ा मिला। पता नहीं किसका होगा?" बेटी ने नोट उनकी उँगलियों से झपटा, जीन्स की जेब में रखा, "आज कॉलेज–कैंटीन में चाय के साथ गर्म–गर्म समोसे खायेंगे। पापा। अब ध्यान से सैर किया करें। आज बीस का मिला, कल सौ का भी मिल सकता है न। फॉर्चून हैज़ टर्न्ड द की फॉर यू।"

"यह चाबी मोड़ना क्या हुआ।"

"पापा। आपकी अंग्रेज़ी बहुत कमज़ोर है। मुझसे ट्यूशन पढ़ लिया करो। 'टर्न द की' शेक्सपियर का मुहावरा है–क़िस्मत के दरवाज़े खोलना।"

सैर को निकलते ही वह नीचे सड़क पर देखकर चलते हैं अब। बेटी ने जो बात छेड़–छाड़ में की थी, उनका मन मान चुका कि सच है। अगर एक दिन बीस का नोट मिला, तो फिर भी मिल सकता है। नीचे देखकर चलने की वजह से पैरों–बाँहों का ताल–मेल गड़बड़ाना शुरू हो गया। अब पेड़ों पर ऊपर से नीचे सरकती किरण–रोशनी नहीं दिखती, धूप–स्नान करते परिन्दे नहीं दिखते। नहीं दिखती परिचित सुबह चेहरे से काला कम्बल या सफ़ेद शाल धीरे–धीरे परे सरकाती और नहीं दिखता सड़क पर चलता कोई भी। सारी की सारी इन्द्रियाँ अब आँखों में आ समायी हैं, लगातार नीचे देखती, तलाशती आँखें। सड़क पर सन्तरी रंग का पड़ा कुछ फिर दिखा, दिल फिर धड़का, नीचे झुके, उठाया। ख़ाली चारमीनार सिगरेट की डिबिया मोड़–सिकोड़कर फेंकी हुई। उन्होंने बाँह ऊपर की, इसे... उस तरफ़ से चलती हवा ने उड़ान तोड़ी और डिबिया सड़क के किनारे गिरी। उन्हें एकदम गुस्सा आ गया। इसे फिर उठाया, हथेली में

मसल कर बिल्कुल छोटा गोला बनाया और सड़क के बाहर बनी नाली में फेंक घर की तरफ़ मुड़ पड़े। अनायास नब्ज़ को उँगलियों में पकड़ा, तेज़ चल रही है। साफ़ लगा कि भय की ठण्डी उँगलियाँ हृदय पर रेंगना शुरू–किसी कीड़े की तरह।

पत्नी ने देखा चेहरा मलिन है। बुझ गयी। बेटी ने भाँपा कुछ परेशानी है, छेड़ा, "पापा, आज बुझे–बुझे दिख रहे हैं, क्या गर्ल–फ्रैंड नहीं मिली सैर करते हुए।"

"क्या ख़ूब पढ़ाई हो रही है। जवान बेटी बाप से बात करती है तो गर्ल–फ्रैंड के बारे में।"

वह अपने कमरे में आ गये। बेटी हक्की–बक्की। ऐसी कौन–सी नयी बात कर दी उसने कि पापा इतना तीखा बोले। ठीक। आज से शीत–युद्ध शुरू। उसने अपनी उमर के हिसाब से गुस्सैल निर्णय ले लिया।

पत्नी ने चाय का गिलास पकड़ाकर पूछा, "तबीयत फिर ख़राब है क्या। डॉक्टर को दिखा आओ।"

"कुछ नहीं हुआ मुझे। तुम्हें क्या लगता है मरने वाला हूँ।" पत्नी को पहली बार बेटी की बात में सच की काली छाया दिखी। कहीं सचमुच कोई और?

पिछले कई दिनों से सड़क पर कुछ नहीं मिला। अब वह बहुत धीरे चलने लग पड़े हैं। तेज़ चलूँगा तो दृष्टि–दायरे में कुछ कैसे आयेगा। कन्धे झुके हुए किसी जासूस की तरह। मुजरिम के ज़मीन पर पैरों के निशान तलाशती आँखें। थोड़ा आगे कुछ पड़ा उन्हें दिख गया। झपटे। नीचे झुके। उठाया। ख़ून–सना कपड़े का टुकड़ा। पास ही सैनिक अस्पताल है। ज़रूर कोई कुत्ता वहाँ के कूड़ेदान से उठा लाया होगा। चूस कर यहाँ सड़क के किनारे उगल दिया। पता नहीं कुत्ते के थूक से कपड़ा गीला है अथवा ख़ून से। हाथ आँखों के सामने किया। लिथड़ा हुआ। सड़क के किनारे नगरपालिका नल के पास पहुँचे। साफ़ हाथ से टोंटी घुमायी। नल के गले में फँसी पानी की कुछ बूँदें टपकीं। गन्दा हाथ नीचे रखा। मैले लहू के छींटे फैले और नल का गला खुश्क हो गया। अब वह गीली घास पर हथेली रगड़ रहे हैं, घिन गुस्से से लगातार अपने आपको गलीज गालियाँ देते हुए "कुत्ते। लालची कुत्ते। तेरा बाप फेंकेगा रोज़ बीस का नोट सड़क पर। किस हरामज़ादे ने बनाया है तुझे प्रोफ़ेसर। बीस रुपये के लिए। सिर्फ़

बीस रुपये के लिए तू गन्दी और गलीज़ चीज़ों को सड़क से उठायेगा। मर। डूब मर। खा कसम। अब से नीचे नहीं देखेगा।"

लेकिन कसम खा लेने से, जो काला है उजला हो जाये तो आदमी की सारी की सारी गिरावट झट से ख़त्म हो जाये। उन्होंने चलना शुरू किया लेकिन थोड़ी–थोड़ी देर बाद चोर आँखों से नीचे देख लेते हैं। पास से भागकर निकलता आदमी धीरे हुआ, अध–अँधेरे में पहचान लिया, "राम राम साहब। ख़ैर तो है। आज इतना धीरे चल रहे हैं। नीचे देखकर सैर नहीं करनी चाहिए। कन्धे झुक गये हैं।"

"राम राम भाई। बस ख़ैर ही समझो।" उन्होंने रूखी आवाज़ में सेना के जवान को जवाब दिया।

"साहब। घर गया था। छुट्टी। इसलिए इतने दिन मुलाक़ात नहीं हुई। बेटा हुआ है, बेटा। कल सुबह आपके लिए मिठाई लाऊँगा। यहीं सड़क पर मिलेंगे।" पिता बनने की ख़ुशी में उनके जवाब का रूखापन उसे छू–भर भी नहीं सका।

"छोड़ो मिठाई। कल से मैं सैर पर नहीं आऊँगा।"

"क्यों। क्यों नहीं आयेंगे साहब। तबीयत ख़राब है तो किसी डॉक्टर को दिखायें।"

"बस नहीं आऊँगा।" जवान को उनका रूखापन कुरेद गया। क्षण भर के लिए उनकी तरफ़ देखा और फिर तेज़, बहुत तेज़ दौड़ता हुआ आँखों से ओझल हो गया।

सैर बन्द। नब्ज़, रक्तचाप और हृदय गति में होड़–दौड़ फिर से शुरू। उनका चेहरा निस्तेज हो गया, सिगरेट फिर से चढ़ गयी, साँस फिर से फूल गयी और कॉलेज से बीमारी–छुट्टी ले ली। चारपाई से नीचे पाँव रखते ही टाँगें काँपना शुरू, नहीं सँभाला जाता हमसे तुम्हारे शरीर का बोझ। शेव करते समय बड़े आईने में शरीर का ऊपरी हिस्सा देखा। कन्धे एकदम झुके–सिकुड़े हुए, लगभग आधा कुबड़े। सुबह की सैर बन्द की तो पत्नी ने टोका, कारण पूछा। जलकर जवाब दिया था, "इस हाल में सैर करूँगा। साँस तो ली नहीं जाती। तुम कहीं यह तो नहीं चाहती कि मैं जल्दी से मरता क्यों नहीं।" जवाब देने के बाद सोचा ज़रूर कि बता दें इसे सुबह की सैर बन्द करने का कारण। लेकिन अपनी जीवन–संगिनी की आँखों में गिर नहीं जायेंगे? इतना छोटा, इतना लालची मर्द।

"आपको पता भी चलता है क्या–क्या बोल जाते हैं। जवान बेटी को पहले दोस्त बनाया, अब बात–बात पर टोकते हैं, मीन–मेख निकालते हैं। कभी नोट किया बेटी आपसे बात करते डरती है। पहले तो ऐसे नहीं थे आप। हर वक़्त नाक पर बैठा गुस्सा। एक बात कहूँ। आप राकेश को बुलवा लें। डॉक्टर साही के पास ले जायेगा। पहले भी तो उन्होंने ठीक किया था?"

लज्जा से उनका सिर झुक गया, सचमुच इतना कठोर और कमीना हो गया हूँ। पत्नी का हाथ अपने बेज़ोर हाथ में पकड़ा। रुआँसी आवाज़ में बोले, "कुछ नहीं हो सकता। अब मुझे डॉक्टर साही भी ठीक नहीं कर सकते। कोई नहीं बचा सकता।" उन्होंने हाथ खींचना चाहा। पत्नी ने अपने हाथ के ऊपर रख लिया। गर्म–गर्म बूँद गिरी। ऊपर देखा। वह बेआवाज़ रो रही है, शायद उसे भी पता चल गया कि अब बचेंगे नहीं।

शाम को प्रोफ़ेसर सूरी देखने आये। बिस्तर के पास रखी कुर्सी में बैठे। छोटी चुप्पी के बाद पूछा, "आजकल पोयट्री नहीं पढ़ते नलिन।"

"नहीं सर। मन नहीं करता।" प्रोफ़ेसर सूरी नीचे देखने लगे। बेटी दो कप चाय लेकर कमरे में आयी, सूरी साहब की स्टूडेंट है, "गुड इवनिंग सर।" सूरी साहब ने आधे मन से मज़ाक़ किया, "वैरी गुड इवनिंग माई फेयर लेडी। पढ़ाई कैसी चल रही है। एनी प्रॉब्लम।"

"नो सर। आज पैराडाइज़ लास्ट पढ़ाते हुए आपने बताया कि मैमन को मिल्टन ने लीस्ट–इरेक्टेड स्प्रिट कहा है। लेकिन..." शर्मा जी ने बीच में प्रोफ़ेसर सूरी से पूछा, "यह मैमन कौन है सर?

"गॉड ऑफ़ वैल्थ। दौलत का देवता।"

"लेकिन मिल्टन ने उसे कुबड़ा, लीस्ट इरेक्टेड स्प्रिट क्यों कहा है?" बेटी ने पूछा।

"जो कुबड़ा है, कुबड़ा है। अब मेरे कन्धे झुके हुए हैं तो इसकी कोई वजह होनी चाहिए। यू आस्क स्टूपिड क्वेश्चंज़।" पिता ने बेटी को डाँटा।

प्रोफ़ेसर सूरी ने कुछ समझ आ जाने वाली निगाहों से देखा, "नलिन। लिट्रेचर में कोई सवाल स्टूपिड नहीं होता। जब हमें जवाब न सूझे तो हम यह लेबल लगा देते हैं। तुम साइंस वाले हो, नहीं जानते। स्वर्ग में सड़क भी गोल्ड की, सोने की बनी हुई थी। और मैमन वहाँ भी नीचे देखता रहता है। इसलिए उसके कन्धे झुके हुए हैं," फिर अपनी स्टूडेंट को समझाया,

"पोयट्री में वर्ड मीनिंग तक नहीं रुकते। उसके नीचे हो गये कन्धे उसकी नीचे गिर चुकी आत्मा का सिंबल है, प्रतीक है, थोड़ा आगे पढ़ो। पता है मिल्टन ने धन–दौलत के बारे में क्या लिखा–बिल्कुल हैरान होने की बात नहीं–रिचेज ग्रो इन हैल। धन और नरक का चोली–दामन का साथ है।"

सूरी साहब उठे, नलिन बाहर तक छोड़ने आया। टाँगें बिल्कुल नहीं काँपीं। गुसलखाने में मुँह धोने गये, खड़े आईने में देखा, अब कन्धे न सिकुड़े हैं, न झुके हुए। उन्हें पहचान जो आ गयी अपने नरक की। बीस के नोट का आत्मा में क़ैद चित्र बाहर सरका और जाने कहाँ विलीन हो गया। सुबह से सवेरे की सैर शुरू। और अब नीचे नहीं देखेंगे इसका उन्हें पक्का पता है। बाहर आये। बेटी को बुलाया, "माई फेयर लेडी। मेरे कपड़े के बूट और गर्म जुराबें बिस्तरे के पास रख दो। कल से सैर शुरू।" बेटी ने पिता का चेहरा देखा, पुरानी गर्माइश, दोस्त गर्माइश लौट आयी है, चहकी, "येस हैंडसम। आ गयी सैर वाली गर्लफ्रैंड वापिस।"

दोनों हँसे, उनको हँसता देख दीवारें हँसीं, दरवाज़े हँसे, खिड़कियाँ हँसीं और सारा घर ख़ुश, एकदम ख़ुश हो गया।

□□